当代中国知名学者文集

马大正边疆文存

第四卷
新疆探察史研究

马大正 著

中国社会科学出版社

写在"马大正边疆文存"出版之际

　　时光流逝，我已是名副其实的"80后"——耄耋之老翁。此时此刻对自己学术人生做些回顾，当也在情理之中。

　　回首作为学人的我半个多世纪在史学研究领域里，还是做了些许工作，简言之，是做了两件事，一是习史，二是研史，当然习史和研史很难截然分开，但从一个时段的工作重心看，还是可以分为入门、始步、拓展三个阶段。

1960年至1964年，为研究的入门阶段

　　时我在山东大学历史系攻读中国近代史专业研究生，师从徐绪典教授，致力于太平天国对外关系史的学习和研究，我的研究生毕业论文题为《太平天国革命与英美传教士》，在此期间系统学习了马克思史学理论和中国通史的基础知识。山东大学历史系当时名师荟萃，学习气氛浓郁，更难忘的是，业师徐绪典教授不仅传授了中国近代史的丰厚知识，还教会了我从事历史研究的基本方法，实现了对历史学由无知到稍知的过渡，所有这一切成了我终身受益的最宝贵的精神财富。20世纪80年代初我发表了两篇关于太平天国史的论文：一篇《太平天国革命与英美传教士》即是我的研究生毕业论文，另一篇《论洪仁玕革新思想的形成及其历史地位》资料积累和内容构思也都是在研究生学习时完成的。

1964年至1987年，为研究的始步阶段

　　1963年7月研究生毕业，由于论文答辩，等待分配工作，至1964年

仲夏到中国科学院民族研究所（中国社会科学院民族研究所前身）工作，一晃十余年（1964—1975 年），与大多数同龄人一样，身在研究机构，却长期与科研工作无缘，先是前后两次四清运动工作队，下乡劳动锻炼，第二次四清运动工作队集训刚结束，"文化大革命"开始了，于是在政治运动的波涛中又经历几乎 10 年时间，身不由己地翻滚在革命与反革命的旋涡之中。但平心而论，这些年也确是经风雨、见世面、长知识，对社会认识的加深本身也是哲学社会科学工作者不可缺少的必修课，无疑大大有利于日后研究工作中对资料鉴别、历史现象分析能力的提高。唯一能做而我未能做到的是，我不及当时我的有些同龄先知者，抓紧外文水平的巩固和再学习，从这一意义上说，我是大大地浪费了宝贵的青春岁月。1975 年秋冬，我终于得到了参加工作以来第一个研究课题的机会——参加《准噶尔史略》一书的撰写。我的卫拉特蒙古史研究即始于此时，此项研究真正有序展开已是科学春天降临人间的 1978 年了。卫拉特蒙古史研究工作起步是顺利的，因为从大环境言，我赶上了社会科学研究蓬勃发展的大好时光；从小环境言，我有幸置身于一个团结、进取的研究集体之中。而且在我研究工作始步之初，即得到享誉海内外的著名前辈学者翁独健教授的指导与启迪，他是我始步研究卫拉特蒙古史和隋唐民族关系史的引路人和最直接的老师。至今我仍清晰记得《准噶尔史略》编写工作之初，独健老师的谆谆告诫："一定要详尽地掌握原始资料和国内外研究动态，首先把前人的研究成果收齐，编好目录，仔细阅读，在前人的基础上，把这本书写成有较高科学性的民族史学专著，不要成为应时之作。"这种治学精神，成了指导我走学术探索之路的准则而永存心间。1982 年在完成《准噶尔史略》一书后，又开始了 17—18 世纪土尔扈特蒙古政治史的研究。1984 年，我有幸参加由翁独健教授主持的《中国民族关系史纲要》一书的撰写，分工隋唐民族关系史部分，并于 1986 年完成了书稿。通过对卫拉特蒙古史和隋唐民族关系史的研究，我对中国历史上两个最富有特色的唐王朝和清王朝的疆域和民族有了比较清晰的了解。在此期间，我还担任了《民族研究》的编辑和参加《中国历史大辞典》民族史卷的组织和撰写工作，由此不仅锻炼了我的编辑能力，也大大扩展了个人与学界同人的交往，所有这一切均为我日后研究领域的拓展，打下了良好基础。

1987 年加盟中国边疆史地研究中心以来为研究的拓展阶段

1987 年由于工作需要，我离开了已工作、生活 20 余年的民族研究所，以及与我有共同志趣、和谐合作的学术伙伴们，到了创建不久的中国社会科学院中国边疆史地研究中心。为适应新工作岗位的急迫需要，致力于思考并探索推动中国边疆史地研究的学科建设之正确之途，个人的研究领域也从民族史扩大到中国疆域史。具体而言有如下三个方面：

首先，为改变 20 世纪 80 年代中期中国边疆史地研究冷寂的局面，提出了开展中国疆域史、中国近代边界沿革史、中国边疆研究史三大研究系列的构想，并采取了一系列有利于研究深化并行之有效的举措。90 年代以后又主持并参加了当代中国边疆系列调研。在学界同人的共同努力下，具有优良传统的中国边疆史地研究，实现了两个突破：一是突破了以往仅研究近代边界问题的研究范围，开始形成以中国古代疆域史、中国近代边界沿革史和中国边疆研究史三大研究系列为研究重点的研究格局，促成了中国边疆史地研究的大发展；二是突破了史地研究的范围，将中国边疆历史与现状相结合，成果众多，选题深化、贴近现实，由此具有中国特色的中国边疆学的构筑也提上了议事日程。在中国边疆研究勃兴的大背景下，中国边疆史地研究中心也得到了长足的发展。

其次，为适应工作的需要，个人的研究领域也从民族史扩大到中国疆域史，在以下六个研究点上做了些许探索：

一是，中国历代边疆政策和中国疆域发展的综合研究。

二是，清代新疆地方史和新疆探察史研究。

三是，中亚史和新疆周边地区史研究。

四是，东北边疆史，特别是古代中国高句丽历史研究。

五是，当代中国边疆稳定，特别是新疆稳定与发展战略研究。

六是，着力于中国边疆研究的档案文献整理和边疆研究成果大众化、普及化工作。

当然，卫拉特蒙古史的研究始终没有中止。

最后，抓住研究工作面临新的机遇，迎接挑战。2002 年年末，我受邀参加 21 世纪初重大学术文化工程国家清史纂修工程，协助著名清史专家戴逸教授做一些清史纂修工程的组织协调工作，我将此视为一次难得的重新学习清史的机会。

回顾这些年治学的实践，经验谈不上，心得则有五点：

一是，史学工作者必须牢记自身的社会责任，自己的研究成果要力争达到三有利，即有利于学科建设的总体发展目标，有利于自己研究成果生命力的延伸，有利于发挥以史为鉴的社会功能。

二是，求真求实是中国边疆研究的优良传统。所谓求真，即是要追求历史的真实，实事求是永远是研究遵循的准则；所谓求实，我理解是研究者要脚踏实地，面对现实。中国边疆这个研究对象现实感特强，研究者应具有强烈的使命感、责任感。

三是，资料收集是研究的基础，要千方百计掌握第一手资料，包括相关的文献、档案，当事人的记述，同时代的记载，民族文字的记载对边疆研究具有特别重要的意义，而资料的鉴别则是研究的开始，对任何史实，不可不信，又不可全信，而比较是鉴别真伪的可靠方法。

四是，读万卷书，行万里路，对于边疆研究工作者来说实地调查尤为重要，所谓百闻不如一见，到边疆地区走一走、看一看、听一听，大有利于研究的深化。

五是，研究视点选择的正确是研究成功的重要保证。研究中要微观研究和宏观研究兼顾，微观研究是研究的入门，而宏观研究则是研究升华的开始，宁可小题大做，而不可大题小做。研究时要心有全局，尽量使自己的研究成果能做到分则成文，合则成书。

2001 年 8 月，我从中国边疆史地研究中心主任岗位卸任，2010 年退休。但出书、著文、访谈、讲座哪一件也未停下脚步，加之还在国家清史编纂委员会上班，退休前后工作、生活似乎并未发生很大变化，还是做我爱做的事，过着过一天高兴两个半天的日子！

2010 年后近十余年时间里做了值得一记的几件事：

一是，清史纂修历时 20 年，2018 年 10 月完成送审稿的印制，正在全力进行全书整合、修订，争取早日出版面世；

二是，在中国边疆治理研究方面，主编完成了"中国边疆治理丛书"的出版，自己撰写了《中国边疆治理通论》，在当代新疆治理研究方面，坚持撰写"新疆维稳形势年度点评"系列调研报告；

三是，中国边疆学构筑方面，出版了《当代中国边疆研究（1949—2019）》和《中国边疆学构筑札记》；

四是，在边疆知识普及方面，重点是接受媒体访谈和学术讲演，还主编了《塔克拉玛干考察纪实》。

2016 年开始筹划并启动"马大正边疆文存"的选编工作。在学术生涯中我是幸运的。自 1984 年以来我先后出版论文集、专题性学术论集有 9 种，书名如次（依出版年为序）：

1.《厄鲁特蒙古史论集》（合著），青海人民出版社 1984 年版。

2.《边疆与民族——历史断面研考》，黑龙江教育出版社 1993 年版。

3.《中国边疆研究论稿》，黑龙江教育出版社 2002 年版。

4.《国家利益高于一切——新疆稳定问题的观察与思考》，新疆人民出版社 2002 年版、2003 年修订版。

5.《跬步集——新疆史探微》，兰州大学出版社 2003 年版。

6.《马大正文集》，上海辞书出版社 2005 年版。

7.《热点问题冷思考——中国边疆研究十讲》，上海辞书出版社 2013 年版。

8.《西出阳关觅知音——新疆研究十四讲》，上海辞书出版社 2013 年版。

9.《中国边疆学构筑札记》，中央广播电视大学出版社 2016 年版。

10.《卫拉特蒙古历史论考》，西北大学出版社 2020 年版。

此次构思"马大正边疆文存"依如下两原则：

一是，基本反映自己有关边疆研究成果的主要方面；

二是，从选题到选文力图减少与已出版过的论文集、专题性学术论集的重复率。

"马大正边疆文存"共五卷，各卷为：

第一卷 《中国边疆学构筑论衡》

第二卷 《中国边疆治理与历史上民族关系研究》

第三卷 《新疆大历史的观察与思考》

第四卷 《新疆探察史研究》

第五卷 《序跋与评议汇选》

中国边疆研究涉及内容丰富多彩。"上下五千年，东西南北中"，似苍穹，似大海。而自己 40 余年研究所涉猎内容虽大都当在其中，但似星辰，似浪花。研究工作优劣成败，应由社会评说，我只是做了自己乐意做的工作，在自己的岗位上尽了责、出了力。

文存付梓在即，我有太多的感激要表达：

要感激育我成长的老师、助我前行的同辈学友，还有激我奋进的年轻才俊；

要感激促我"文存"编选的新疆人民出版社和老友罗沛同志；

要感激保我"文存"得以面世的中国社会科学出版社和赵剑英、王茵两位，还有辛苦认真的"文存"责任编辑吴丽平博士！

如果收入本"文存"的拙作于读者尚有些许参阅价值，乃人生之大幸矣！

2022 年 8 月

于北京自乐斋

前　言

　　本卷取题《新疆探察史研究》，收文 7 篇，另附录 1 篇。

　　所收之文，每篇首发于何处均在文末注明，我以为将个人所撰之文注明写作或发表时间，从研究史的视野出发，是一个不应忽视的细节。

　　还需说明，所收《新疆考察史资料整理和研究》是拙著《当代中国边疆研究（1949—2019）》第十四章的内容。但本篇内容仅以新疆考察史资料整理与研究为主题撰写，其实新中国成立 60 余年来，西藏、云南、广西、黑龙江、吉林、辽宁、内蒙古东部及海疆等边疆地区的考察同样也是成果丰硕，即使是新疆考察我也只是重点评议了罗布泊、楼兰的考察与探险，内容的缺遗，非不知，实是个人力所不及也。

2017 年 2 月 15 日

于北京自乐斋

目　　录

有清一代的新疆考察

新疆维吾尔自治区地处欧亚大陆中心，位于中国的西北部，是中国陆地面积最大、陆地边界线最长的省区。自古以来，众多民族聚居于这片广袤的土地，创造了灿烂的古代文明。这一地区以其中西交通的重要枢纽地位，吸引了大批中外学者、探险家、旅行家，留下了丰富的考察见闻。近代以降到新疆考察的中外人士有增无减，尽管他们的目的不同、方式各异，其所作所为或可称道，或被谴责，但其考察实录和考察成果，均无一例外地成为可供后人借鉴、研究、评述的历史遗产。

"考察"者，按《辞海》解释为："调查勘察、思考观察。"① 有清一代中国人的新疆考察具有特定时代特点内涵，考察活动大体上可分为两大类型：一类是由清政府组织的考察活动；另一类是个人游历性的行纪，这类行纪几乎贯穿有清一代始终。

由于有清一代涉足新疆考察的中外人士众多，资料分散，加之本文篇幅有限，这里只能依据已见史载，对中国人的新疆考察作一概述。

一　清政府组织的新疆考察活动

清朝立国后，为统辖新疆曾与雄踞伊犁、势力所及几达整个西北和蒙古高原的准噶尔政权争斗达百年之久。乾隆十年（1745），准噶尔政权首领噶尔丹策零死，政权内部为争夺汗权内讧迭起，贵族们纷纷援引外力以增强自己实力。乾隆帝敏锐地看到统一新疆的时机已到，于乾隆二十年（1755）、乾隆二十一年（1756）两次挥师西进，消灭了准噶尔政权，进

---

① 《辞海》（合订本），第1237页。

而又平定了大小和卓叛乱，完成了一统西域大业，有了这样的前提，才使清政府在新疆地区组织地图测绘和国情普查成为需要与可能。近代以来，由于帝国主义侵略，边务纠纷日益繁剧，由清政府组织的边界勘查也进行多次。因此，地图测绘、国情普查和边界勘查，构成了由政府组织的新疆考察活动的主要内容。现依次分述。

（一）地图测绘

根据已见史载，清政府组织在新疆地区规模较大的测绘活动，康熙年间有一次；乾隆年间有两次；光绪年间还有一次，其规模虽不及上述三次，但颇具特色，且鲜为人知。

1. 康熙年间的地图测绘

康熙四十七年至五十五年（1708—1716），在康熙皇帝主持下，清政府在全国范围内进行了一次大规模的经纬度测量，其范围包括内地各省、台湾、东北、蒙古、西藏，共测定经纬点 631 个。这次地图测绘规模之大，不仅在中国地图测绘史上是空前的，在当时世界上也是史无前例的。在这次规模巨大的实测基础上，于康熙五十七年（1717）绘制成历史上有名的《皇舆全览图》。因当时在西域，清军与准噶尔政权相持于哈密一线，所以这次全国地图测绘，哈密以西广大地域未能进行。但这次测绘是清政府有组织地在新疆进行地图测绘的开端，为乾隆年间的新疆测绘打下了基础。

2. 乾隆年间的地图测绘

乾隆二十年（1755）后，随着清军在西域的推进，清政府即着手安排新一次地图测绘工作。自乾隆二十一年（1756）至二十五年（1760），有组织地共进行了两次测绘工作。

第一次，乾隆二十一年二月下旬开始，至当年十月结束，为时约 8 个月。此次测绘任务据史载："二十年六月，命测量新辟西域北极高度，东西偏度。谕曰：西师奏凯，大兵直抵伊犁，准噶尔诸部尽入版图。其星辰分野、日出入、昼夜、节气时刻，宜载入《时宪书》，颁赐正朔，其山川道里，应详细载入《皇舆全览图》，以昭中外一统之盛。"① 可知这次测量

---

① 《清朝文献通考》卷 256 《象纬一》。

具体任务有二：一是充实《时宪书》，即把新疆一些地方的二十四节气和太阳出入时刻列入历书之内；二是补绘《皇舆全览图》所缺的哈密以西地域。这支测量队主要成员是：领队何国宗，由原来礼部侍郎、左都御史"加尚书衔"，职衔提高便于指挥测绘队全局，他曾参加过《律历渊源》修纂和《皇舆全览图》绘制，是清政府的测绘专家。成员有明安图，时职衔"兵部郎中留五官正任加一级记录四次"，是清政府指名参与此事的科技人员；那海，负责测绘队后勤工作；努三、富德、哈清阿负责安全保卫工作。参加测绘队的还有两名耶稣会教士：法国人蒋友仁（Benoist），葡萄牙人高慎思（J. D' Espinha）。天山北路是测绘重点，天山南路仅测绘吐鲁番地区及开都河流域。测绘工作由巴里坤分南、北两路进行。北路由努三带队，沿天山北路至伊犁一带，主要测绘点有乌鲁木齐、库尔喀喇乌苏、伊犁、博罗塔拉、塔尔巴哈台、斋尔（今青河县东北）、哈布塔克（即哈布山）、瀚海等；南路由何国宗、哈清阿带队，越托东岭进入吐鲁番，西至哈喇沙尔、库尔勒，沿开都河上行，进入裕勒都斯草原。工作大概进行到十月间，两路在巴里坤会合。何国宗等向乾隆帝报告："将两路地图，合绘呈览。"① 两路所测绘的经纬点很多，分布在天山以北和东南的广大地区，范围有数千里之广，把每个地点的二十四节气时刻，以及太阳出入时刻都载入乾隆二十二年（1757）十月编订的《时宪书》中，测绘队于同年冬返回北京。

第二次，乾隆二十四年（1759）五月，大小和卓叛乱已平定，乾隆帝命明安图率测绘回部舆图，测绘工作于次年三四月间结束。这次测试工作由明安图主持，前一次测绘队主持人何国宗因受其弟何国栋贪污舞弊案牵连而罢官未能参与其事。测绘队成员有：二等待卫什长乌林太，乾清门行走蓝翎侍卫德保。参与其事的还有耶稣会传教士，时任钦天监右监傅作霖（F. Da Rocha）和高慎思。测绘工作主要在天山南路开展，史载："按天山南路，惟辟展属旧隶版籍。自哈喇沙尔以西，迄于叶尔羌、和阗、新疆内附诸境，命使测量，一如准部。诸回部咸有城郭可凭，各就治所起数，方隅道里，尤称准的云。"② 这次测绘路线是，从哈喇沙尔以西开始，沿

---

① 朱希祖：《乾隆内府舆图序》。
② 《西域图志》卷7《晷度二》。

塔克拉玛干沙漠西北，测绘了当时属清政府管辖的巴尔喀什湖以东以南地区。

乾隆年间新疆的测绘工作，其实测的经纬点直接记录没有留下，但《西域图志》卷六、卷七晷度一、二中所载安西北路、库尔喀喇乌苏路、塔尔巴哈台路、伊犁东西路、天山南路的经纬点共103个（如加上安西南路13，共有116个）[①]。其中著名的有哈密、镇西府（巴里坤）、迪化（乌鲁木齐）、昌吉、绥来（玛纳斯）、库尔喀喇乌苏（乌苏）、晶河（精河）、塔尔巴哈台（塔城）、雅尔（今哈萨克斯坦境内乌尔扎尔）、额敏、伊犁（伊宁）、塔拉斯（今哈萨克斯坦境内江布尔）、吐鲁番、哈喇沙尔（焉耆）、库陇勒（库尔勒）、库车、阿克苏、乌什、喀什噶尔（喀什）、英噶萨尔（英吉沙）、叶尔羌（莎车）、额里齐（和田）、克尔雅（于田）等。

乾隆年间两次测绘是18世纪地图测绘史上的创举，有了实测新疆的基础，乾隆二十五年至二十七年（1760—1762），清政府完成了《乾隆内府舆图》的绘制，是图最精彩的部分是吸收了康熙、乾隆年间实测的成果。邵懿辰在《四库简明目录标注》中指出："此图南至琼海，北极俄罗斯北海，东至东海，西至地中海，西南至印度南海，合为一图，纵横数丈，而刻分为十三排，合若干叶，每叶著明经纬度数，盖本康熙图，而（制）极其精，推极其广，从古地图未有能及此也。"

3. 光绪年间的地图测绘

光绪十二年至十三年（1886—1887），在新疆首任巡抚刘锦棠和继任魏光焘的组织下，进行了一次由玉门、阳关，穿罗布荒漠，沿塔克拉玛干沙漠至和阗的勘查考察。主持其事的是刘锦棠下属，清军副将郝玉刚、参将贺焕湘、都司刘清和。郝玉刚等在完成了探路任务后，皆有报告上呈新疆巡抚，并附有地图，但未见正式报告问世，唯有陶保廉《辛卯侍行记》卷五"汉玉门、阳关路"下，首予摘要揭载，陶保廉按语如下："前任巡抚刘毅斋（刘锦棠）、护抚魏午应（魏光焘）先后遣郝副将永刚、贺参将焕湘、刘都司清和，裹粮探路，各有图记，惟不谙考古，措词亦艰涩，特汇集诸说，就作者本意疏明之如左。"显然陶保廉当是在其父陶模抚署中

[①] 按：钮钟勋《清朝前期西北边疆地图测绘及其相关问题》（《中俄关系问题》1984年第2期）中所统计《西域图志》晷度中所列经纬点是92个，疑统计有误。

看到了报告原件，并汇入自己著作之中，成了留存至今有关此次实测活动的珍贵资料。①

此次探路考察分北道、南道二路并进。北道出敦煌西门，渡党河西行，达吐鲁番，其间记述地名 29 个；南道出敦煌西南行，穿越罗布泊直达和阗，其间地名 32 个②。1914 年英国探险家斯坦因第三次在罗布泊考察，才测绘了楼兰至古代玉门关的交通线。因此，实际上最早勘查丝绸之路南北两道、罗布泊地区，并写有调查报告和实测路线图的是中国军人，他们的实测活动至少比斯坦因要早 30 年。

（二）普查性的调查活动

由清政府组织的带普查性的全疆调查，主要有两次，前一次在乾隆中期，后一次在光绪末期。

乾隆二十年（1755），清政府在组织测绘工作同时，次年二月，乾隆帝即传谕刘统勋会同何国宗，将新疆山川地名，按其"疆域方隅，考古验今，汇为一集，咨询亲记，得自身所经历，自非沿袭故纸可比"③。又以西域地名，来自不同民族语言，原有意义，因不晓民族语言，仅译其音，不解其意，不免"粤问而燕答，鲁鱼亥豕之纷"④，常将一个地名，因写法不同竟分为几地；一个人名，因译音不一，竟立为两传。乾隆帝对于民族语文"因略而习焉"，故令收集人名、地名的各种语言的音和义，以便"谐其字形，悉以文义"，互为对照。刘统勋、何国宗组织大量人力在天山南北进行普查，将资料送回北京，由熟知西北史地的方略馆编纂褚廷璋加以编纂。经过 7 年之劳作，由大学士傅恒领衔纂成初编，后又经过二十余年修纂增补，由英廉等增定，于乾隆四十七年（1782）才得以完成，定名为《皇舆西域图志》，由武英殿刊刻，并编入《四库全书》。全书五十二卷。卷首四卷，多为乾隆帝夸耀武力之诗文，但诸如平定回部勒铭叶尔羌

---

① 按：此次探路考察所绘之地图，《辛卯侍行记》中没有附上，但其中一幅"敦煌县西北至罗布淖尔南境之图"据黄盛璋教授访得知，至今仍保存在北京故宫档案馆（原文如此，疑是中国第一历史档案馆），经黄先生精心考证，此图即为此次考察所绘地图中的一幅。参阅黄盛璋《清代对丝绸之路的勘查和新发现的实测地图》，《亚洲文明》集刊，第二集，第 117—128 页，又见同作者《晚清对丝绸之路的勘察和实测地图的发现》，《西域研究》1991 年创刊号。

② 《辛卯侍行记》卷 5。

③ 《西域图志》卷首。

④ 《西域同文志》序。

碑文、平定回部勒铬伊西库尔淖尔碑文、准噶尔全部纪略、土尔扈特全部归顺记、土尔扈特纪略等，均为可据文献，史料价值颇高。余分图考、列表、晷度、疆域、山、水、官制、兵防、屯政、钱法、学校、封爵、风俗、音乐、服物、土产、藩属、杂录、连同卷首天章共分二十门。图考中还附有疆域、山川等图31幅。这些图绘有山脉、水系、居民点、戈壁和道路，均是当时实测和普查的成果。这是第一部《新疆通志》。与此同时，又据刘统勋、何国宗收集的不同民族文字的人名和地名资料，于乾隆二十八年（1763）编成《西域同文志》二十四卷。"以通西域属国之文，分四大纲：曰地、曰山、曰水、曰人。首列国书为枢纽，次列汉字以释名义、次列三合切音以求声韵，次列蒙古、西番、托忒、回字，丝连珠贯、比类可求。仰见奋武揆文，并超轶三古"①，全书使一地、一名，六种文字全备，并用汉文注释语源、含义、地方沿革、人物世系等，实是一部新疆地名、人名大辞典。上述两书可视为乾隆中叶新疆测绘和普查的成果总汇。

清末，清政府推行新政。光绪三十年（1907）在京师成立编书局，通令各地州县编纂地方志和乡土志。为开展此项工作新疆地方政府进行了普查，此乃清代新疆第二次全疆性普查。乡土志编纂历时四载（1907—1910）。据已见不同稿本，新疆乡土志稿总计有66种，除去重复者，实际有44种，其中哈密、昌吉、若羌、沙雅、和阗均有两种不同稿本，故实为39种。当时新疆省建置有6府、8直隶厅、2直隶州、2分防厅、1州、21县、2分县，合计42个地方政权机构。现存39种乡土志中实际上仅缺迪化府、疏附县、霍尔果斯分防厅三地，其余均有了详略不同的完成稿本，可视为此时普查的一个直接成果。由于新疆乡土志编纂的完成，使王树枏在宣统三年编成清代新疆第二部通志《新疆图志》成为可能。该书始纂于宣统元年（1909），凡一百六十卷，是新疆建省后第一部完备之志书。分建置、国界、天章、藩部、职官、实业、赋税、食货、祀典、学校、民政、礼俗、军制、物候、交涉、山脉、土壤、水道、沟渠、道路、古迹、金石、艺文、奏议、名宦、武功、忠节、人物、兵事等二十九门。

---

① 《四库全书简明目录》卷四《经部十·小学类》，上海古籍出版社1985年版，第167页。

该书地图则以《新疆全省舆地图》为名，于宣统三年在汉口印行。《西域图志》和《新疆图志》是清代新疆方志编纂史上两个里程碑，正好象征清王朝统治新疆的开始与结束，也是清代新疆两次大普查、大考察的成果实录。

（三）界务交涉和巡边活动中的考察

近代以降，俄国势力进入新疆，通过中俄《勘分西北界约记》割占了中国西北大片领土，并进一步强占伊犁、觊觎南疆，逼迫清政府签订中俄《改订条约》（又称《圣彼得堡条约》），中俄间界务交涉日益增多。一些参与其事的清政府官员，或在界务交涉中亲往实地踏勘、会商，或为加强边防到边地巡边，并留下了记录。在此拟择已见有专籍记载者略作介绍，以窥见清代新疆考察活动的又一个侧面。

1. 光绪八年至九年（1882—1883）沙克都林札布的南疆勘界考察

沙克都林札布，满洲正白旗人。同治十一年（1872）任巴里坤领队大臣，光绪七年（1881）中俄签订《改订条约》，沙克都林札布被任命为分界大臣，公同俄国分界官员梅金斯基（咩登斯开）负责新疆南段，也就是纳林哈勒噶以南，阿克苏、喀什噶尔辖境中俄边界线的勘分和建立界牌、鄂博事务。从光绪八年（1882）六月二十一日起，到次年十月二十九日止，历时480余天。沙克都林札布在考察中为后人留下日记《南疆勘界日记图说》一册①，为我们了解这次勘界考察提供了一份珍贵资料。

此次踏勘路程，据日记所载，大体上是：光绪八年，由绥定出发抵小贡古鲁，入山分界，至喀苏勒棍伯色停界，再赴喀什噶尔，计程4455里，光绪九年，由喀什噶尔启行，赴喀苏勒棍伯色接续分输送之处，过喀克善山，至库嘎尔特山口，由库嘎尔特勘分至依尔克什他木，经业干回喀什噶尔，再由喀什噶尔回阿克苏，越冰岭，返回绥定，计程9016里。总行程13471里。沙克都林札布在日记的自序中说："每日行程办事，就其大略梗概，公余之暇，笔记数言，兼嘱绘图委员日绘一图，以相互证，久有

---

① 按：该日记原为抄本，藏北京图书馆。经西北大学李之勤教授标点整理，刊于《中国边疆史地研究报告》第5辑，1990年。李之勤又写有《论沙克都林札布〈南疆勘界日记图记〉》，《西北历史资料》1983年第2期，可资参阅。

可徵。或以道里之远近，或以路途之险夷，或以山川之要害，或以形势之南北即山之阴阳，或以中俄之界址，或以牌博之表志，或以地名之正讹，或以山川之气候，或以天时之阴晴，或以水草之有无，或以地土之硗沃，或以寒暑之递迁，斯皆寓诸耳目，慎诸询确，徵诸笔墨。"也就是说，凡所经历地区的山川形势、物候气象等自然地理特征，以及居民分布、生产兴衰、边界走向、界碑位置、关隘道路等政治经济状况，在日记中均有简要记述，前所未见的第一手资料，使人们对世人罕到的新疆边界地区的自然风貌和社会情况，得以了解。同时从中可知这次中俄勘界的详尽始末。从 1840 年以来百余年，中国与资本主义列强进行过几十次勘界交涉，签订过几十个分界条约和议定书。就中俄西段边界而论，从 1864 年以来，关于勘界交涉达 10 余次，每次中国都是屈辱失地。但勘界实录留存于今的仅此一种，故弥足珍贵。对沙克都林札布在此次中俄勘界中的失误、辱国，可以另作专文分析总结。但他的踏勘实践，在新疆考察史上应占有一席之地。

2. 光绪十七年至十九年（1891—1893）海英、李源钶踏勘帕米尔高原

鉴于俄英在帕米尔地区争夺加剧，光绪十七年（1891）清政府采取了相应措施，一方面命令清军都司衔旗官张鸿畴率兵赶赴帕米尔的苏满地区，加强中国在帕米尔地区防备实力；另一方面组织人员查勘新疆南部边境地区，指令"详细绘图，以资考证"①。

这次踏勘可分两个阶段。

第一阶段，始于 1891 年 7 月 3 日，止于次年 3 月 25 日，历时 8 个月，行程 3000 余里。主持人是喀什噶尔道属下的海英、候补主簿李源钶。踏勘首先从帕米尔地区开始。1891 年 9 月，海英、李源钶率领测绘、向导、文书传递、工程开路等人员从疏附县出发，查勘了波罗里坦、塔什密里克、科鲁特则、改子外卡、布伦库尔、苏巴什、塔哈尔曼、色勒库尔、和家克巴依，翻越丕伊克山口进入小帕米尔，于次年初到达阿尔楚尔帕米尔的苏满卡伦。在苏满，海英命令随行人员重新刻立 1891 年夏秋沙俄入侵该地区期间捣毁的乾隆纪功碑，并绘制了《海英查勘苏满碑卡图》，详细

---

① 中国第一历史档案馆藏、奕劻等：《遵旨查办洪钧所绘新疆喀什噶尔等地地图的错误以及私匿信函折》（光绪十八年九月二十二日）。

描绘了中国管辖的苏满卡伦和乾隆纪功碑周围地区的地形、地貌，成为当时中国在该地区享有主权的一件重要物证。① 之后，海英率领踏勘人员经却克泰（却和太）山口返回布伦库尔，并沿原路于 1892 年 3 月 25 日返回疏附县城。此次踏勘共绘制了塔克墩巴什帕米尔、小帕米尔、大帕米尔、阿尔楚尔帕米尔、萨雷兹帕米尔和郎库里帕米尔六幅道里图。②

第二阶段，踏勘分两路进行。一路由海英率领再次踏勘帕米尔地区。1892 年 4 月，海英率队从疏附出发至布伦库尔，再经苏巴什登萨雷阔勒岭，顺岭自西北至乌孜别里山口，再自北行至伊尔克什坦，沿途详细勘测了 1884 年中俄《续勘喀什噶尔界约》所规定的中俄两国从伊尔克什坦至乌孜别里山口地段边界地形。之后，海英南返苏巴什，并由此顺萨雷阔勒岭向南行至明铁盖达坂，再向西越倭海及蕊达坂，（瓦呼罗特山口）进入瓦罕帕米尔，于 1893 年 3 月返回疏附。另一路由李源鉌率领踏勘喀喇昆仑山北坡和昆仑山西段。1892 年 4 月，李源鉌率队由英吉沙尔出发，向南经八沙达坂踏勘了卡拉胡鲁木达坂（今喀喇昆仑山口），而后顺泽普勒善河（今叶尔羌河）向南再转向西行至八扎塔拉，因夏季泽普勒善河河水猛涨，无法继续西行，遂东返，经黑子黑将木干、麦盖提，溯哈拉哈什河（今喀拉喀什河）东行，到达昌器利满达坂（今空喀山口附近），顺原路返回麦盖提休整，再北上返回英吉沙尔县城。稍事休整，李源鉌又率队西行并转而南下，从色勒库尔（今塔什库尔干县城）入山，踏勘喀喇昆仑山北坡及其附近地区，先后踏勘了丕伊克达坂、阿格吉勒达坂（即倭海及蕊达坂）、明铁盖达坂、红孜纳普达坂（今红其拉甫山口）、星峡达坂，向东抵上次大东面入山踏勘所行最远地点八扎塔拉。直到 1893 年 7 月，李源鉌一行才完成对整个喀喇昆仑山北坡和昆仑山西段的踏勘和测绘，返回英吉沙尔，历时一年余，行程万余里。③

海英、李源鉌所踏勘地区，海拔极高、山形险恶、气候恶劣、人迹稀少，他们"跋涉穷荒，冲冒瘴疠"④，可谓是探察史上的伟业。海英、李源

① 《新疆图志·国界图十六》。
② 《新疆图志·国界志四》。
③ 《新疆图志·国界志四》。
④ 《新疆图志·奏议十三》。

鍆在完成踏勘后，曾分别向清政府呈交踏勘中测绘的地图，仅收入《新疆图志》就有六幅。这六幅是：《海英校勘总署帕米尔图》《海英查勘西南边界及帕米尔全境形势道里图》《海英查勘中英两界图》《（中英两界）线说图》《海英查勘苏满碑卡图》《李源鍆查勘莎车叶城各属东南边界图》。他们的部分踏勘报告、公函收入了徐崇立编《西城舆地三种汇刻》，该书还收入了海英等人绘制的三幅地图：《喀斯库穆等处形势图表》《帕米尔形势界画道里图》《新疆西藏西北边隅疆界图》。这些地图的精确与详尽，远超过《大清一统舆图》《西域图志》《新疆识略》等书中的有关地图。①

3. 光绪三十四年（1908）宜珍的伊犁沿边查勘

宜珍，满洲赫舍里氏，光绪三十四年受伊犁将军长庚指派，率测绘生刘宗关、小通事前锋景库泰，会同理藩部官员陈亮畴，另有随员 4 人，共一行 8 人对伊犁沿边卡伦界碑进行调查。是年七月十八日出发，八月二十五日返回惠远城，历时一月有余。考察路线是出惠远至宁远，南下在雅玛图渡伊犁河，循路南行经博罗台，折西至霍洛海台，游圣佑寺（在今昭苏县城），续向西至格登山，然后沿边北上，沿途对界碑的位置、商贸情况，宜珍等在《额鲁特行记》中均有记述。②

二 有清一代的个人游历性考察

个人游历性的考察，在有清一代的新疆考察中占有重要地位。从留存至今的众多考察记、行程记来看，这类考察始自康熙晚期，下迄光绪、宣统年间，考察地域遍及天山南北。从考察者身份看可分四种类型：随军入新或赴新执行某项政治使命之官员；上任或调任的边吏；遣戍之员；其他个人考察者。现依次分述。

（一）随军入新或赴新执行某项政治使命之官员

清朝前期，雄踞天山南北的准噶尔政权与清政府长期对峙，为执行政治、军事使命，清廷大吏或各种官员入新颇多。他们中有些人留下了沿途见闻录和考察记，成为有清一代最早一批新疆考察报告。

---

① 参阅董志勇《论海英、李源鍆踏勘新疆南部边境》，《中国边疆史地研究报告》第 4 辑，1989 年。

② 原为抄本，有《甘新游踪汇编》油印本。

康熙五十四年（1715），策妄阿拉布坦兵扰哈密，清政府令吏部尚书富宁安总理军务，分三路进军新疆。时任陕西盩厔县知县张寅，作为此次军事行动的后勤支援于是年六月九日由陕西解送骡马，经甘肃入新，十月十四日至哈密，十月二十四日至吐鲁番，十月二十八日至巴里坤，十月二十九日抵富宁安指挥所。张寅的纪行题为《西征纪略》①，是清人较早的赴新疆考察的纪行之作。张寅所记始于六月二十九日，止于十一月初八。其中记述哈密的景观，以及十月十三日会见哈密王的情景，实为我们了解 18 世纪哈密风情的不可多得的资料。他对富宁安大帐的描述，也是罕见的当事人见闻，作者对沿途沙海的描述也颇传神："戈壁内，水草俱无，是夜卧沙土中，月殷风寒，放眼平谷，千里一碧"，瀚海的无垠与孤寂跃然于人们眼前。

雍正十二年（1734）和乾隆三年（1738），为划定喀尔喀与准噶尔以阿尔泰山为界的游牧范围，清廷大吏阿克敦两次出使西域。此次使命的完成，使清政府与准噶尔政权间自此之后维持了 20 余年的和平局面。阿克敦（1685—1756 年），字仲和，章佳氏，满洲正蓝旗人。入仕后官运亨通，武职曾任步军统领、八旗都统，文职做过国史馆副总裁。他曾三次入新执行公务。第一次是雍正九年（1731），以内阁额外学士衔从抚远大将军马尔赛征讨准噶尔，协办军务；第二次是雍正十二年（1734），任傅鼐的副使出使准噶尔"议罢兵息民"②，是年八月九日出京师、过陕西、经河西走廊，历四月余，于十二月初九到伊犁，次年（1735）三月返回北京；第三次是乾隆三年（1738）春，他以正使身份率使团赴准噶尔议和，此次西行是取道乌里雅苏台，越阿尔泰山，于七月四日抵伊犁，十二月返回京师。阿克敦新疆之行，其执行政治使命的情况在《德荫堂集》卷十二至十四中留下了记录，而沿途见闻，随感而发的文论，则多在其诗集《奉使西域集》中。他的诗作以写新疆山川之雄奇、大漠之浩瀚为多，还通过景物来抒发开拓边陲"丈夫思报国，策马出神京"③的雄心壮志。

与阿克敦同一时期入新的还有两人：一是方观承，另一人没有留下姓

---

① 原为抄本，有《甘新游踪汇编》油印本。
② 《清史稿》卷 303《列传九十·阿克敦传》。
③ 《八月九日出都示阿桂即用原韵》，载《德荫堂集》卷 8。

名，他们都留下了自己的考察行纪。

方观承，字遹毂，安徽桐城人。于雍正十一年（1733）六月，随定边大将军福彭入新讨伐准噶尔，进军路线是"自张家口至乌里雅苏台军营，凡四十七台，十六腰站"①，次年六月，自乌里雅苏台进驻科布多城。方观承行纪题为《从军杂记》，沿途风物多有记述。

另一为佚名，其所著《哈密至准噶尔路线》② 实是一篇难得的考察行纪之作。考其所记，作者当是雍正十二年傅鼐、阿克敦使团的随员，所记始于雍正十二年十二月二十三日，止于次年一月二十八日，计 36 天。全篇以记地名与里程为主，入新路程大致始哈密以东额尔特木尔台，经哈密、皮裸（今鄯善）、土尔番（吐鲁番）、衣拉里刻（今托克逊西）、准土斯（裕勒都斯，今天开都河上游），后顺孔济斯河（今巩乃斯河）到噶尔丹策凌牙帐所在地伊犁（今伊宁附近）。这一行程的记述，可补阿克敦《奉使西域集》记之不详，同时也使人们可知，这条越天山，穿巴音布鲁克草原的通道是由哈密到伊犁的又一条东西走向的交通线。作者在行纪中还着力考察准噶尔的历史与现状，其中记述了策妄阿拉布坦、噶尔丹策凌父子牙帐和准噶尔政权结构，以及阿克敦会见噶尔丹策凌时情况，均为他书所未载，弥足珍贵。这位未留下姓名的考察者，为今人留下了一篇极可贵的历史和地理的考察实录。

（二）上任或调任的边吏

有清一代赴新疆上任，或在新疆境内调任的边吏人数众多，但留下行纪的并不多，就我所见，咸丰朝有 2 种，光绪朝有 6 种，宣统朝有 1 种，列表如次：

年代	作者	书名	类别	官职
咸丰元年	倭仁	莎车行纪	上任	叶尔羌帮办大臣
咸丰十一年	景廉	冰岭纪程	调任	叶尔羌参赞大臣
光绪十八年	王廷襄	叶柝纪程	调任	叶尔羌参典史

---

① 方观承：《从军杂记》，《小方壶斋舆地丛钞》第二帙。

② 原为抄本，有《甘新游踪汇编》油印本。按：钮仲勋《我国古代对中亚的地理考察和认识》（测绘出版社 1990 年版）一书中介绍此纪行时，篇名称为《使准噶尔行程记》。

续表

年代	作者	书名	类别	官职
光绪三十二年	宋伯鲁	西辕琐记	上任	应伊犁将军长庚之聘，任文案
光绪三十二年	方希孟	西征续录	上任	应伊犁将军长庚之聘，做幕僚
光绪三十三年	李德贻	北征日记 入关日记	上任	受伊犁将军长庚之命，往伊犁办理警政
光绪三十三年	余培森	游历新疆日记	上任	新疆参谋处提调
光绪三十四年	易炳烺	柝游见闻录	调任	乌什直隶所照磨
宣统三年	袁大化	辛亥抚新日记壬子回程记	上任	新疆巡抚

上述边吏的行纪为人们提供了当时新疆交通的情况。一是入新路线大都是走河西走廊，由星星峡进入新疆（如方希孟、袁大化等）；也有经乌里雅苏台进入新疆的（如李德贻、余培森等）。二是由北疆赴南疆，一般也是走乌鲁木齐、托克逊、哈喇沙尔（焉耆）、库车、阿克苏、叶尔羌（叶城）（如倭仁、易炳烺等），景廉由伊犁到阿克苏走的是翻越天山的险道——冰岭。冰岭是天山西段的穆素尔达坂，是伊犁通往阿克苏的捷径，景廉的行程是由惠远城出发，经固尔札、索果尔台、库森绰罗达坂、博尔台、霍洛海台、特克斯台、沙图阿瑚台、阿东格尔台、亮噶尔台、噶克察哈尔台、特穆尔苏、穆素尔达巴罕（穆素尔达坂，即冰岭），再经塔玛哈塔什台、瑚斯图托海台、图巴拉特台、蝎蚰塔坂、亮噶尔台、阿拉巴特台、扎木台而抵阿克苏。①

他们的行纪中还记载了沿途所见民族、民俗、民情，也涉及历史与现状，对于研究 19 世纪至 20 世纪初的新疆社会，实是极有用的材料。如王廷襄在《叶柝纪程》中所记库尔勒以西至库车一带生产发展情况，车尔楚"水发源北面山峡，土人称从前杨侯（指道光六年参加平定张格尔之乱的杨遇春——引者注）西征，疏浚为河，居民利赖；自安夷（指阿古柏匪帮——引者注）窃据南疆，缠族兵燹离散；兹河遂废。光绪己卯年（1899）办理喀库善后局易丙燠，商同管带精骑马队总管王玉林督率兵勇，兼雇民夫，自北面山峡觅水源，引自南流成通渠，长四十里，六月工竣，并立碑记其事。至今缠民夹渠左右，阡陌相连，数十户无忧乏绝。现值寒冬，而残柳夹岸，中尚有鸟鸭迎波上下，若春夏消融冰雪，水尤滔滔，则修筑此

————————
① 景廉：《冰岭纪程》。

渠，于民田有益不少"。反映了这一带在左宗棠收复新疆后，农业得到了恢复和发展。方希孟在《西征续录》中评议新疆政局："新疆自刘襄勤、陶勤肃去位后，代者为潘中丞效苏，藩司为李滋森。奢豪贪肆，吏治因之日坏。候补守令竟以苞苴馈赂得官，某某等皆先贷赀于藩司之新饷所，指缺以偿。动辄千万，局员得上下其手，胶轕纷繁，以致库帑空亏，莫可究诘。南疆州县，皆以浮征粮石，鱼肉缠回为衣钵，积赀皆累巨万金，饱置囊橐而去，同官者皆羡为有才，相与效尤。不知官箴吏治为何事，天下各省之奔竞钻营，贪污卑鄙，明目张胆，殆未有过于新疆者。"可谓是切中时弊的警世之言。

（三）遣戍之员

清代"若文武职官犯徒以上，轻则军台效力，重者新疆当差，成案相沿，遂成定例"①。新疆地处边远，成为清政府发遣重罪官员的主要地区。这些被流放的官员，称为遣员、戍员或废员。乾隆二十四年（1759），清政府统一新疆后，次年即开始往新疆各地发遣内地获罪官员，到乾隆五十四年（1789），仅伊犁、乌鲁木齐两地的遣戍之员，除已陆续返回内地外，累计达270余名。② 到嘉庆十二年（1807）止，乌鲁木齐一地先后安置各类遣戍之员380余名。③ 遣戍之例与清朝相始终。

遣戍之员，作为统治阶级的一个特殊阶层，大部分人具有较高的文化水平和统治经验。他们中有的人在新疆途中借景抒情；有的人在新疆进行调查考察、著书立说。留存至今的遣戍之员的诗文、著作，均成为我们研究清代新疆考察史的重要史料。现将我所目见的遣戍之员的行纪列表如次④：

年代	作者	行纪	其他著述
乾隆四十九年 乾隆五十三年	赵钧彤 王大枢	西行日记 西征纪程	西征录

① 《清史稿》卷143《志一百一十八·刑法二》。
② 《清高宗实录》卷1332。
③ 《三州辑略》卷6。
④ 表列诸书，均收入吴丰培编《甘新游踪汇编》之中。《乙巳日记》原为稿本，首刊于《中山大学学报》1980年第1期，收入《甘新游踪汇编》时，改名为《南疆勘垦日记》。

续表

年代	作者	行纪	其他著述
嘉庆四年	洪亮吉	遣戍伊犁日记 万里荷戈集 百日赐环诗	天山客话 塞外录
嘉庆十年	祁韵士	万里行程记 濛池行稿 西陲竹枝词	西域释地 西陲要略
嘉庆十七年	徐松		西域水道记
道光六年 道光二十二年 道光二十五年	方士淦 林则徐 林则徐	东归日记 荷戈纪程 乙巳日记	
咸丰元—二年 光绪三十一年	杨炳堃 裴景福	西征往返纪程 河海昆仑录	
宣统三年	温世霖	昆仑旅行记	

上述行纪的价值与上任、调任边吏的行纪相同，不外一是对天山南北交通的记述，二是对沿途民情的记述，可补其他史载之不足。只是由于身份有异，前者比后者观察更显细致，他们中如洪亮吉、祁韵士等人通过实地考察，潜心著书立说，其成绩已为世人所称道。这里仅以徐松、林则徐的新疆考察略作简述。

徐松（1781—1848 年），字星伯，直隶大兴（今北京市）人。嘉庆十五年（1810）督学湖南，十七年因"海慢圣贤""试题割裂经文"等罪名，被发遣伊犁，效力达十年之久。十八年至惠远城，据沿途所见，撰成《新疆赋》。嘉庆二十年（1815），受伊犁将军松筠邀请修订《伊犁总统事略》，使徐松有条件致力于新疆实地考察。他跋山涉水、深入沙碛，远至巴尔喀什湖地区，考察天山南北的山岭水道，行程一万三千余里，写成了《西域水道记》，并附有详图，开创了按照新疆河流归宿进行系统分类研究新疆史地的先例，也是徐松通过考察写成的令世人重视的名篇。邓廷桢在该书序中指出："《西域水道记》有五善：一为补缺；二为实用；三为利涉；四为文采，五为辨物。"五善兼备，实为不可多得的好书。

林则徐在遣戍新疆期间曾受道光帝之命，在布彦泰的支持下进行南疆勘垦，时在道光二十四年（1845）冬。此次勘查屯垦情况共八站，依次为库车、乌什、阿克苏、和阗、叶尔羌、喀什噶尔、库尔勒、哈喇沙尔。林则徐于次年六月二十二日抵哈密，又接令勘查托克逊军台以西的伊拉里克新垦地和哈密以东塔勒纳沁屯垦点。此次勘查几近一年，行程近一万七千里，遍及天山南路各主要垦区，勘田总数达 689718 亩。① 林则徐南疆勘垦主要任务除了丈量耕地外，更重要的是为清政府制定南疆垦荒政策提供决策依据。林则徐此次考察的积极成果是通过实地考察调研，促使清政府制定了有利于发展新疆农业经济的政策措施。

（四）其他个人考察者

不同于上述三种类型的，当时赴新人员中还有一类是随行入新者，其中留下有行纪者据我目见有同治、光绪年间的施补华、吴恢杰、陶保廉。

施补华，浙江乌程人，字均甫。同治九年（1870）举人，曾为左宗棠幕僚 5 年，后被劾，出嘉峪关至阿克苏，为帮办军务张曜留佐戎幕。施补华赴阿克苏路程是由星星峡入新后，循天山西南行，以奇台、焉耆、尉犁、库车，达阿克苏。在佐张曜戎幕时，曾奉派踏勘中俄喀什噶尔界段，踏勘由喀什噶尔城出发，西北行经克齐克卡、明约路卡，越铁力克达坂，至七木伦，行程千数百里，沿途安抚各族人众，此行虽未留下考察纪，但却有诗 14 首，对沿途见闻，多有描述。② 因所踏勘之地为一般人士未及，故可补前人记述之不足。

吴恢杰也是应帮办军务张曜之邀，赴新疆参与其幕，于同治十三年（1874）四月自苏州启程，穿河西走廊，光绪元年（1875）二月二十三日抵哈密，驻留哈密近一年而返。写有《西征日记》和《东归日记》③，沿途见闻均有记述。

以显宦之子弟，随同其父入新赴任，并留有著述，陶保廉为仅有一例。陶保廉为新疆巡抚陶模之子，于光绪十七年（1891）随其父入新就职，随身携带必备书籍 9 箱之多，沿途悉心考证地理，写成《辛卯侍行记》六卷。其卷五"自甘州西北经肃州安西至哈密，其一千八百八十二里"，卷六"自哈密西北经吐鲁番至新疆省城，一千四百一十八里"，记

---

① 纪大椿：《林则徐回疆勘田述议》，载谷苞、蔡锦松编《林则徐在新疆》，新疆人民出版社 1988 年版，第 132—145 页。

② 施补华：《泽雅堂纪行诗》，《甘新游踪汇编》油印本。

③ 原为抄本，有《甘新游踪汇编》油印本。

述极详，考释尤精。陶保廉在书中还收录了他所收集到的考察报告，如本文第一部分所述光绪年间罗布泊考察即是一例。王树枏在该书序中指出："行历秦晋赵魏齐燕六国之地，西逾长城，渡瀚海，入月氏、鲜卑、车师、蒲类诸国以达新疆，都行一万一千余里，凡山川关隘之夷险，道路之分歧，户口之多寡，人心风俗物产之异同，罔不勤谘广稽，取其事有关经史及体国经野之大者，著于篇。"当代著名西北史地学家冯家升教授也称该书为"西北地理权威之作"。

三　简短的小结

综观有清一代的新疆考察，虽然缺乏整体的计划性，与现代意义的科学考察也有相当距离。但在当时封建中国的历史条件下，不管是官方组织的考察，还是个人自发的游历性考察，其总体成果，诸如《新疆舆地图》《西域图志》《西域同文志》《新疆图志》，以及考察报告和众多或详或略的行纪，都是今天应该批判继承的宝贵学术遗产。以愚之见，至少在如下六个方面为今天的深入研究积累了资料，提供了继续思考的依据。

一是，考察者既是实践者又是亲历者，他们是所记述历史事件的当事人或同时代人，因此所记述都是第一手史料，值得今天研究者重视，尤其是行纪中对所经历之地的现场描述，实是地方史研究中不可多得的资料。

二是，考察者对新疆时政的评议，特别是同治、光绪年后对新疆时政弊病的评说和治新之策的议论，从一个侧面可使人们了解清政府治新政策成功与失误的演变历程，从中还可体味到国力的兴盛和边疆稳定与发展的密切关系。

三是，社会经济，特别是林则徐南疆勘垦调查，对于发展新疆农业起了促进作用，于今仍不失其借鉴价值。

四是，民族民情是考察者记述的重点之一，这对多民族聚居的新疆是一项不可缺少的国情知识的积累。

五是，地图的测绘和沿边的巡查，对后人的工作具有不容低估的意义。

六是，众多考察者足迹遍及天山南北，昆仑山麓、帕米尔高原，他们的行纪反映了新疆交通发展的历史进程。从新疆考察史角度来研究有清一代的新疆考察，在当前还处于始步阶段，本文只是依据已目见的资料略作分类，进行初步勾画，既不深入，也难全面。但通过此次写作实践，从深入研究新疆考察史，乃至中国边疆考察史言，可做的工作很多，其主要者至少有以下几条。

一是，系统收集资料。应下大气力从众多正史中去钩稽，从浩瀚的私家文集中去发掘。黄盛璋教授从《辛卯侍行纪》中发掘出鲜为人知的光绪年间的罗布泊地区考察报告（尽管不是完整的报告）即是成功的一例；吴丰培教授穷半世纪功力收集数十种行纪的钞本，编成《甘新游踪汇编》，为今天研究提供了扎实的资料基础，更应称道。外国探险家、旅行家、冒险家、殖民者对新疆的考察，同样留下了大量报告、专著，也应有计划整理、有选择翻译，以应研究之急需。

二是，对中外人士的新疆考察，应按时、按人进行宏观与微观相结合的研究。在研究的初始阶段尤在重视按时、按人、按类的微观研究，只有微观研究深入了，宏观研究的开展才有可靠的基础。

三是，着力于比较研究，特别是中外考察者考察活动的比较研究。进行不同时期、不同国家考察的背景、目的、手段、方法及成果的综合研究十分必要。我们还应把有清一代新疆考察作为一个发展阶段，放到新疆考察史的历史发展长河中进行研究，从中寻求规律、总结经验，以推动今日新疆考察的开拓与深化。

（本文首发于马大正等主编《西域考察与研究》，新疆人民出版社 1994 年版）

新疆考察史资料整理和研究

边疆考察史是中国边疆研究史的重要内容，但长期以来边疆考察研究存在两个倾向：一是中国学人的边疆考察，特别是当代中国学人的边疆考察研究少有研究者问津；二是将 19 世纪以来外国各类人士对中国边疆考察活动均划入帝国主义侵华史范畴。20 世纪 90 年代以来，上述倾向有所改观，相关档案、文献的整理和翻译，当代中国学人撰写的边疆考察记，以及研究论文、著作多有问世，所涉中国边疆地区以新疆考察最多，西藏、云南则次之。

本文拟以新疆考察史为主，试做综述。

一　有关综论新疆考察的文与书

马大正《有清一代新疆考察述论》[①] 和《20 世纪新疆考察述论》[②]，概论了自康熙以来迄止 20 世纪 90 年代，中国学者和其他人物在新疆的考察活动。前文指出了有清一代考察的历史功绩有六。

一是，考察者既是实践者又是亲历者，他们是所记述历史事件的当事人或同时代人，因此所记所述都是第一手史料，值得今天研究者重视，尤其是行纪中对所经历之地的现场描述，实是地方史研究中不可多得的资料。

二是，考察者对新疆时政的评议，特别是同治、光绪年后对新疆时政

---

① 　马大正：《有清一代新疆考察述论》，马大正等主编：《西域考察与研究》，新疆人民出版社 1994 年版。

② 　马大正：《20 世纪新疆考察述论》，《中国边疆史地研究》1992 年第 3 期。

弊病的评议和治新之策的论说，从一个侧面可使人们了解清政府治新政策成功与失误的演变历程，从中还可体味到国力兴盛和边疆稳定与发展的密切关系。

三是，社会经济，特别是林则徐南疆勘垦调查，对于发展新疆农业起了促进作用，于今仍不失其借鉴价值。

四是，民俗民情是考察者记述的重点之一，这对多民族聚居的新疆是一项不可缺少的国情知识的积累。

五是，地图的测绘和沿边的巡查，对后人的工作具有不容低估的奠基意义。

六是，众多考察者足迹遍及天山南北、昆仑山麓、帕米尔高原，他们的行纪反映了新疆交通发展的历史进程。

后文指出，综观百年来的新疆发展历程，可发现三点带规律性的共同点：一是"新疆考察的成败得失始终与中国的国运、国势密切相关"；二是新疆地区的政治稳定和社会安定，国家和社会的支持和组织是"新疆考察兴衰的两个重要制约因素"；三是"20世纪中国学者在新疆的考察经历了一个继承、开创和发展的过程"。

尚季芳《国民政府时期的西北考察家及其著作述评》则从整个西北地区范围对在民族危机和"开发西北"的呼声下，一大批中国考察家在极其困难的条件下，到包括新疆在内的广大西北地区进行深入细致的考察，对当时西北的一些突出的社会问题进行了详细记载和精确的剖析，为人们认识西北、开发西北起了很重要的先导作用。文章指出：根据"中国西北文献丛书"和甘肃省图书馆西北文献部的一些资料，笔者统计国民政府时期到西北的考察家共有100多人，著作有85种，当然实际数字远不止此。这些考察家里面，有政府官员、地质学家、考古学家、人类学家、社会学家、历史学家、边疆工作者，等等。他们的著作涉及西北的政治、经济、文化艺术、民族宗教等方面的内容，按书名大体上可分为四类：

第一类是以含有"西北"二字命名的著作。如林竞《西北丛编》，陈赓雅《西北视察记》，范长江《中国的西北角》，林鹏侠《西北行》等。需要明确的是这些书里面的西北范围并不是专指今天的陕、甘、宁、青、新，有时候范围扩大到绥远、察哈尔等地，有时候范围缩小，仅涉及一省或数省。

第二类是有关陕、甘、宁、青、新的著作。如写陕西的有陕西省实业考察团编的《陕西省实业考察》，张继曾《陕南游纵》等；写甘肃的有王志文《甘肃省西南部边区考察记》，聂守仁《甘肃省大通县风土调查录》，程先甲《游陇集》等；写宁夏的有叶祖灏《宁夏纪要》，范长江《塞上行》等；写青海的有周希武《玉树土司调查记》，曹瑞荣《青海旅行记》，杨希尧《青海风土记》等；写新疆的有谢彬《新疆游记》，吴蔼辰《新疆纪游》，王应榆《伊犁视察记》等。同样，这些著作不仅仅写某一省，大部分是以一省为主，兼及其他省的一些情况。

第三类是有关少数民族风俗习惯的著作。如光白《回族同胞的生活与风俗》，兰生智《蒙古人的生活特质》，潘凌云《拉卜楞寺与喇嘛生活》等。

第四类是有关文学艺术的著作。如研究西北"花儿"的专家张亚雄的名著《花儿集》，研究西北民歌的专家于式玉、王文华的《西北民歌》，还有孟述祖的《西北花絮》等。

综观这些著作，它们从不同侧面勾勒出西北的概况，大部分著作以游记的形式表达，文字优美，语言平实，内容深刻。今天看来，这些著作仍有很大的社会价值。①

20 世纪以来，两本有关新疆考察史的综合性研究专著先后问世。

一是，王嵘《西域探险史》②，这是一部专写中国人的西域探险史，从先秦到清朝，涉及人物有周穆王、张骞、冯嫽、班超、法显、宋云、玄奘、岑参、王延德、邱处机、陈诚、祁韵士、徐松、林则徐、左宗棠等。全书 30 万字。这是作者只完成上半部的绝笔，我猜想，下半部将是外国探险家的新疆探险，惜未能完成而驾鹤西归，殊为可惜。

二是，丁笃本《中亚探险史》，全书 43 万字，叙述的地域空间是包括

---

① 尚季芳：《国民政府时期的西北考察家及其著作述评》，《中国边疆史地研究》2003 年第 3 期。
② 王嵘：《西域探险史》，新疆人民出版社 2008 年版。

新疆在内的中亚地区,① 时间跨度上起远古时代，下迄新中国成立前。地理大发现之前人类在中亚地区开展探险、旅行与考察活动，对中国人活动多有介绍，而地理大发现以后人们在中亚地区所从事的探险考察活动和发现成果，对欧洲及俄国探险家与发现者的介绍占的比重最大。所涉中外相关人物有：张骞、班超、法显、玄奘、马可·波罗、伊本·白图泰、谢苗诺夫、普尔热瓦尔斯基、科兹洛夫、阿特金逊、罗伯特·沙敖、扬哈斯本、邦瓦洛特、斯文·赫定、斯坦因、伯希和、马达汉、大谷光瑞、华尔纳等。

二　清代至民国的中国学者和各界人士新疆考察著作的整理、出版和研究

（一）有清一代

有清一代中国各阶层人士到新疆考察并留下了纪述，散见各处，寻检十分不易，吴丰培整理《丝绸之路资料汇钞（清代部分）》上、下册收录了 38 种，其目如次：

> 甘肃至新疆路程（佚名）
>
> 奉使库车琐记（庆林）
>
> 哈密至准噶尔路程（佚名）
>
> 西征纪略（张寅）
>
> 从军杂记（方观承）
>
> 西行日记（赵钧彤）
>
> 西征纪程（王大枢）
>
> 遣戍伊犁日记（洪亮吉）
>
> 万里荷戈集（洪亮吉）
>
> 百日赐环诗（洪亮吉）
>
> 万里行程记（祁韵士）

---

① 作者界定："本书中的中亚包括：阴山—贺兰山—黄河以西的内蒙古、宁夏、甘肃、青海四省区的西北部和新疆全部，蒙古国西部、中亚五个共和国、伊朗东北部、阿富汗、克什米尔以及巴基斯坦的北端。"（新疆人民出版社 2009 年版，第 7 页）

濛池行稿（祁韵士）

西陲竹枝词（祁韵士）

东归日记（方士淦）

红山碎叶（黄濬）

荷戈纪程（林则徐）

南疆勘垦日记（林则徐）

西行记程（杨炳堃）

莎车行纪（倭仁）

冰岭纪程（景廉）

度岭吟（景廉）

西征日记（吴慎偦）

东归日记（吴慎偦）

泽雅堂纪行诗（施补华）

额鲁特行程日记（宜珍）

西行日记（冯焌光）

辛卯侍行记（陶保廉）

叶桥纪程（王廷襄）

河海昆仑录（裴景福）

西辕琐记（宋伯鲁）

北征日记（李德贻）

入关日记（李德贻）

西征续录（孙希孟）（据考应为方希孟——作者注）

游历蒙古日记（余培森）

桥游闻见录（易炳燻）

昆仑旅行日记（温世霖）

抚新记程（袁大化）

壬子日程记（袁大化）

　　所收诸篇均原文影印，整理者吴丰培做了两项工作，一是每篇均写跋文一篇，述作者生平、论书之得失；二是撰写《丝绸之路资料汇钞（清代部分)》前言，在前言中对所涉各篇作者进行了分类："考清代之作，可析为几部分人所撰，一为赴新疆履任官员所记，乃极少数。二为查勘边界，记山川险要，是国防要著，极可珍视。三为文人墨客，因获罪而遣戍新疆，名为赴军台效力，这些人大部分被当时新疆当政者罗入幕中，由于此类人氏，知识渊博，考古论今，并记述了当时的政治、经济、文化及考古等方面的情况，其作品应列为上品……除上述三类人之外，另有一部著作名为《辛卯侍行记》，作者陶保廉非赴任官员，更非军台效力人员，乃随其父陶模履新巡抚之任而赴新，此人好学不倦，行囊中带有大量图书，考古论今，记述沿途见闻，确为独一无二的作品，值得提出。"① 本集实有文献资料整理奠基之功。于 2002 年由甘肃人民出版社出版了一套"西北行记丛书"，其中收录了陶保廉《辛卯侍行记》，裴景福《河海昆仑录》，和方希孟《西征续录》的点校本。其中方希孟《西征续录》本共收了祁韵士《万里行程记》、方士淦《东归日记》、林则徐《荷戈纪程》、倭仁《莎车行记》、方希孟《西征续录》、袁大化《抚新记程》六种文献，按据方希孟《西征续录》点校者王志鹏考证，吴丰培《丝绸之路资料汇钞（清代部分）》中因据泰州古旧书店之抄本将方希孟误作孙希孟。② 天津古籍出版社 2005 年出版了温世霖原著、高成鸢编注《昆仑旅行日记》的点校本。

对上述人物和著作的评议大多在相关跋文、编校记之中，专题论文不多。周轩、高力《清代新疆流放名人》③ 一书中对洪亮吉、祁韵士、林则徐、裴景福的流放生涯和相关著述略有评议。

（二）民国时期

民国时期的新疆考察研究中除外国探险家外，涉及最多的是 1928—1934 年的中瑞西北科学考察团与斯文·赫定，上述两个方面拟在下文设专题论及。除此之外，除谢彬有专文论及外，研究论文不多，更不用说研究专著。

20 世纪 90 年代以降，民国时期的各种涉新疆的考察记、游记多有整理出版，值得欣喜。

---

① 全国图书馆文献缩微复制中心 1996 年版，第 1—2 页。吴丰培所撰跋文，均收录于吴丰培自选，吴锡祺、于敏整理《吴丰培边事题跋集》，新疆人民出版社 1998 年版，第 182—202 页。

② 方希孟等：《西征续录》，甘肃人民出版社 2002 年版，第 5 页。

③ 周轩、高力：《清代新疆流放名人》，新疆人民出版社 1994 年版。

1. 民国初年

民国初年谢彬、林竞的两本考察记都有整理本出版。

谢彬（谢晓钟）《新疆游记》，有两个点校整理本，一是杨镰、张颐青整理本①；二是薛长年、宋廷华点校本②。谢彬于 1916 年 10 月以财政委员身份赴新疆考察，历时 14 个月，《新疆游记》即是此行的实录。对谢彬及其《新疆游记》的研究，吕一燃《谢彬及其边疆史地研究》③，杨镰《谢彬和他的〈新疆游记〉》均论述了谢彬的边疆考察经历和成就。前文通过详述谢彬《新疆游记》和《云南游记》，指出"实地观察和进行社会调查，是谢彬研究边疆史地的重要方法"。后文则是同一作者整理谢彬《新疆游记》一书所写的前言，认为"他（谢彬）倾心撰写的《新疆游记》，呼吁举国上下瞩目西部，敦促新疆政界面对世界潮流，在较长一个时期内，这部游记被视为关于新疆的百科全书"。

林竞《西北丛编》已有两种整理本，一是甘肃人民出版社 2003 年出版的刘满点校本，书名采用《蒙新甘宁考察记》④，二是新疆人民出版社 2013 年出版的杨镰、张颐青整理本，书名采用《亲历西北》，杨镰、张颐青为该书撰发了题为《智者西行》代序，对林竞其人、《亲历西北》其书，均做了极有价值的学术点评。⑤

2. 20 世纪 20—30 年代的相关考察记

刘文海《西行见闻记》⑥，作者刘文海曾留英、美十年，回国后任教东南大学、西北大学、东北大学。1927 年转入政界。其父兄在甘肃酒泉经商，颇富实力。1928 年 12 月，其父病笃，乃奔丧酒泉，在酒泉居留近五个月，于 1929 年 8 月 1 日乘驼从酒泉入哈密，取道内蒙古，经张家口，

---

① 谢彬（谢晓钟）：《新疆游记》，杨镰、张颐青整理本，新疆人民出版社 1990 年版。2013 年新疆人民出版社出版了新的整理版本，据"整理后记"自述："1990 年第一次整理出版时，只收了作者一行自嘉峪关之后，游历新疆天山南北的内容。""新的整理本不再以嘉峪关为界，而是按原书的先后，编入了《新疆游记》的全部章节。"（第 394 页）

② 谢彬（谢晓钟）：《新疆游记》，薛长年、宋廷华点校本，甘肃人民出版社 2003 年版。本书系"西北行记丛萃"选题之一。

③ 吕一燃：《谢彬及其边疆史地研究》，《西北史地》1988 年第 2 期。

④ 本书系"西北行记丛萃"选题之一。

⑤ 参阅第 1—11 页。本书系 2013 年版"西域探险考察大系"选题之一。

⑥ 刘文海：《西行见闻记》，甘肃人民出版社 2003 年版。本书系"西北行记丛萃"选题之一。

返北京，于 1930 年 1 月 14 日返回南京。本书即为此行见闻。

吴蔼宸《边城蒙难记》①，整理者杨镰撰有代序和整理后记。吴蔼宸 1929 年冬任天津整理海河委员会总务处副处长，1932 年受聘为新疆省政府顾问。当时，国民党正筹建新疆省党部，任命在南京的宫碧澄、白毓秀为特派员，吴蔼宸与宫、白同赴新，同年 12 月 25 日抵迪化（乌鲁木齐）。自进入新疆起，吴蔼宸经历了新疆从杨增新时期安定到盛世才时期战乱不断的全过程，成了这一时期一个难得的目击者和见证人。1933 年 8 月，南京国民政府派司法行政部长兼外交部部长罗文干赴新疆视察，国民政府外交部电令吴蔼宸为外交部新疆特派员，随同罗文干巡视塔城、伊犁，次年返京述职，并写下《新疆纪游》，即本书《边城蒙难记》。

陈庚雅《西北视察记》同样也有两个整理版本，一是甘肃人民出版社 2002 年出版的甄暾点校本②，二是新疆人民出版社 2013 年出版的杨镰整理本。③ 杨镰在为本书撰写题为《西望天山》代序中指出：陈庚雅是民国时中国第一大报——上海《申报》的名记者，于 1934 年 3 月赴新疆采访，但在新疆行程止于哈密，于 1935 年 5 月 3 日返回上海。当时《申报》为他采访之行专门开辟了一个栏目，题名即称为"新疆视察记"，1936 年 10 月，《申报》报社将这一纪实工作结集出版，因未能完成预期的对新疆天山南北的采访，仅止于东天山之麓的哈密，故改题为《西北视察记》。《走进西部》为整理者杨镰取题。

天涯游子《人在天涯》，整理者杨镰为本书撰写了题为《天涯并不遥远》代序，代序中指出"天涯游子"这一组"西行记"并无总的题目，"《人在天涯》是我们将它们汇集在一起，并整理成书时所拟的名字"。④ 这是一部写成于 20 世纪 30 年代的"西行记"——始于古都西安，终于新疆塔城。

---

① 吴蔼宸：《边城蒙难记》，新疆人民出版社 2010 年版。本书系 2013 年版"西域探险考察大系"选题之一。

② 本书系"西北行记丛萃"选题之一。

③ 本书系"西域探险考察大系"选题之一。按 2001 年本书曾列入杨镰、陈宏博主编"探险与发现丛书"选题之一，新疆人民出版社出版。

④ 天涯游子：《人在天涯》，新疆人民出版社 2000 年版，第 3 页，本书系杨镰、陈宏博主编"探险与发现丛书"选题之一。

萨空了《从香港到新疆》①，萨空了（1907—1988），记载了作者 1939 年 3 月 10 日至 9 月 13 日由香港到新疆的见闻和感受。

3. 40 年代的相关考察记

黄汲清《天山之麓》②，这是一部 1942 年冬到 1943 年初夏，一群才华横溢的青年科学家在天山南北的见闻录，是中国地质学家黄汲清的长篇探险考察纪实。

李烛尘《西北历程》③，2003 年甘肃人民出版社出版杨晓斌点校本。李烛尘于 1942 年 10 月率西北实业考察团赴西北考察盐碱情况，在新疆考察了哈密、七角井、鄯善、吐鲁番、达坂城、乌鲁木齐、绥来、乌苏、精河、伊犁、霍尔果斯等地。于 1943 年 2 月回到重庆，《西北历程》即为其考察旅程报告。

（三）中瑞西北科学考察团的资料整理和研究

中瑞西北科学考察团的学术实践开创了我国独立自主地与外国科学家平等合作进行科技活动的先例，学术界誉之为中外科技合作的先驱。

从 1927 年起到 1933 年，由中国和瑞典科学家共同组成的西北科学考察团，在我国新疆、甘肃、宁夏和内蒙古等省区境内，进行了历时 6 年的科学考察活动。考察团的中方团长是徐炳昶教授，瑞方团长是斯文·赫定博士，袁复礼、丁道衡、詹蕃勋、龚元忠、崔鹤峰、马叶谦、李宪之、刘衍淮、陈宗器、郝景盛、徐近之、胡振锋、刘慎谔和黄文弼等曾作为中方团员参加考察活动，在地质学、地磁学、气象学、天文学、人类学、考古学和民俗学等多学科取得了丰硕成果。

1987 年是中瑞西北科学考察团建团 60 周年，中国科学技术协会委托中国地质学会、中国气象学会、中国地理学会、中国考古学会、中国地球物理学会和中国科学技术史学会联合举办纪念活动，并于 1987 年 12 月 2

---

① 萨空了：《从香港到新疆》，宁夏人民出版社 2000 年版，本书系"走进大西北丛书"选题之一。

② 黄汲清：《天山之麓》，新疆人民出版社 2013 年版，本书是 2013 年版"西域探险考察大系"三十种选题之一。新疆人民出版社 2001 年还出版了另一版本。有关黄汲清的学术经历和成就，还可参阅任纪舜主编《从天山之麓到松花江畔——纪念黄汲清诞辰 110 周年》，科学出版社 2014 年版。

③ 本书系"西北行记丛萃"选题之一。

日，在北京科学会堂召开了"纪念中瑞西北科学考察团60周年座谈会"，会后中国地质学会以《开创中外科技合作的先驱》为书名编选了纪念集。[1] 全书收编了两部分文稿。第一部分是西北科学考察团60周年的纪念文章和诗作；第二部分是王忱同志（徐炳昶之女）编写的西北科学考察团大事记和中国团员著作目录。此外，还附录了当年订立的3个文件，颇具历史价值。2007年气象出版社出版了《"中国西北科学考查团"八十周年大庆纪念册》。

自此之后，有关中瑞西北科学考察团的相关文献、资料陆续与读者见面。

徐炳昶、黄文弼、斯文·赫定、贝格曼等人有关此次考察活动的著述，本章已有介绍。除此之外，以下五种著作为我们多个侧面了解、认识中瑞西北科学考察团的活动提供了可贵的资料。

王忱编《高尚者的墓志铭——首批中国科学家大西北考察实录（1927—1935）》[2]，全书分两大部分，考察实录中收录了徐昶生（徐炳昶）、袁复礼、丁道衡、刘衍淮、李宪之、陈宗器、胡振锋、徐近之、郝景盛等中方团员在不同时期所撰的考察记；资料中收录了有关考察团的相关文件等历史文献。

杨遵仪主编《桃李满天下——纪念袁复礼教授百年诞辰》[3]，本集共收录纪念文章78篇，专题论文7篇，袁复礼教授未刊著作4篇。袁复礼教授主要学术业绩在地质学，但本纪念集对袁复礼当年参加中瑞西北科学考察团的活动仍多有忆及。

陈雅丹著《走向有水的罗布泊》[4]。陈宗器是著名地球物理学家，中国地磁学的开拓者、奠基人，国际知名罗布泊学者。1930年11月底—1931年6月与瑞典科学家霍涅尔测量并完成改道后的罗布泊及其水系的精确地图。1934年4—8月与瑞典探险家斯文·赫定进行地形、水文、地质、气象等考察。作者是陈宗器之女，本书是陈宗器西北考察的传记，作者所撰献辞是："谨以此书献给我亲爱的父亲和母亲，献给所有不畏艰险走向

---

① 中国地质学会编：《开创中外科技合作的先驱》，中国科学技术出版社1991年版。

② 王忱编：《高尚者的墓志铭——首批中国科学家大西北考察实录（1927—1935）》，中国文联出版社2005年版。

③ 杨遵仪主编：《桃李满天下——纪念袁复礼教授百年诞辰》，中国地质大学出版社1993年版。

④ 陈雅丹：《走向有水的罗布泊》，昆仑出版社2005年版。

西部的前辈们。"

有关中瑞西北考察团的介绍和研究，邢玉林、林世田《西北科学考察团组建述略》① 评述了西北科学考察团组建过程中的曲折历程，认为科学地了解这段历史"对促进中瑞科学文化交流和加深中瑞两国人民的友谊显有意义"。王忱、徐恒先后发表了《中瑞西北科学考察团简介》② 和《西北科学考查团六十年祭》③，记述更为详述。

作为西北科学考察团成员，黄文弼的边疆考古，在中国边疆研究史上占有特殊地位。他的《高昌砖集》《罗布淖尔考古记》《吐鲁番考古记》《塔里木盆地考古记》等都是边疆考古的传世之作。黄烈《艰辛的历程、丰硕的奉献——黄文弼与西北考察》④ 对黄文弼的学术活动和成就作了系统评估。黄烈还致力于黄文弼遗著的整理，先后出版了《黄文弼历史考古论集》⑤、《黄文弼蒙新考察日记》⑥。进入 21 世纪又有朱玉麒、王新春编《黄文弼研究论集》⑦，荣新江编《黄文弼所获西域文献论集》⑧ 面世。前书收集了有关黄文弼生平及其西北考古研究的资料和文章 36 篇，全面展示了学术界对黄文弼及其时代的西北科学研究的全貌，是了解早年西北学术研究的完整画面；后书第一次全面汇集了海内外研究黄文弼所获西域文献的重要论文 26 篇。

相关论文还有：刘进宝《中瑞西北科学考察团及其成就》⑨，纵横《西北考察团的丰功伟绩》⑩，洪永祥《土尔扈特汗王与中国西北科学考察团》⑪，

---

① 邢玉林、林世田：《西北科学考察团组建述略》，《中国边疆史地研究》1992 年第 3 期。

② 王忱、徐恒：《中瑞西北科学考察团简介》，王忱编：《高尚者的墓志铭——首批中国科学家大西北考察实录（1927—1935）》，第 7—29 页。

③ 王忱、徐恒：《西北科学考查团六十年祭》，《"中国西北科学考查团"八十周年大庆纪念册》，气象出版社 2011 年版。

④ 黄烈：《艰辛的历程、丰硕的奉献——黄文弼与西北考察》，《中国边疆史地研究》1992 年第 3 期。

⑤ 黄烈编：《黄文弼历史考古论集》，文物出版社 1989 年版。

⑥ 黄烈整理：《黄文弼蒙新考察日记》，文物出版社 1990 年版。

⑦ 朱玉麒、王新春编：《黄文弼研究论集》，科学出版社 2013 年版。

⑧ 荣新江编：《黄文弼所获西域文献论集》，科学出版社 2013 年版。

⑨ 刘进宝：《中瑞西北科学考察团及其成就》，《西北史地》1993 年第 1 期。

⑩ 纵横：《西北考察团的丰功伟绩》，《新疆地方志》1994 年第 2 期。

⑪ 洪永祥：《土尔扈特汗王与中国西北科学考察团》，载马大正等主编《西域考察与研究》，新疆人民出版社 1994 年版。

诺登斯坦《1927—1935 年中瑞科学考察中的自然科学》① 等。

瑞典考古学家贝格曼在中瑞西北考古考察团工作期间的业绩，王新春《贝格曼与中国西北考古》② 做了较为详尽和公正的评述，指出：贝格曼对西北历史、地理中的诸多问题，诸如中国史前史、额济纳地区汉代边防遗址，丝绸之路等方面的研究考证，为西北史地研究开辟了新的领域。

刘炘《贝格曼黑河大发现》③ 对贝格曼先后发现上万枚珍贵汉代居延简牍、罕见的新疆若羌小河墓地和史料中没有任何记载的汉代明水要塞的奇特经历，做了全景式的纪实描述。

三 新中国成立后中国学者的新疆考察实录

中华人民共和国成立，新疆和平解放，新疆历史揭开了全新一页，储安平、蒲熙修《新疆新观察》可称为"对新疆新时期的即时报道"。本书编者杨镰将储安平的《新疆新面貌》（《新疆旅行通讯集》）与蒲熙修的《新疆纪行》合汇成集，指出："这两本通讯集是率先对和平解放之后的新疆做出的调研，并且以独特的视角报导基层情况的纪实之作。同时，它们反映出当时中国的两大强势媒体《新观察》杂志与《文汇报》对新疆的特别关注，对新疆位置的认同。"④

自此之后，整个 20 世纪 50—80 年代，疆内疆外学人、记者等在新疆进行各类主题的社会调查、科学考察持续不断，但见著于公开发表的文章尚少。郝时远主编《田野调查实录：民族调查回忆》⑤ 收集了参加 20 世纪 50—60 年代全国民族大调查的学者撰写的调查工作回忆文章 43 篇。涉及云南、广西、四川、海南、福建、西藏、新疆、黑龙江等的民族调查。正如主编郝时远在"前言"所坦言："时过境迁，虽然今天从事民族研究的中青年学人，谁都知道 50 年代的民族调查，谁都知道'三套丛书'或

① 诺登斯坦：《1927—1935 年中瑞科学考察中的自然科学》，载马大正等主编《西域考察与研究》，新疆人民出版社 1994 年版。
② 王新春：《贝格曼与中国西北考古》，《中国边疆史地研究》2011 年第 3 期。
③ 刘炘：《贝格曼黑河大发现》，中共党史出版社 2011 年版。
④ 杨镰编：《新疆新观察》，新疆人民出版社 2010 年版。本书系"西域探险考察大系"选题之一。
⑤ 郝时远主编：《田野调查实录：民族调查回忆》，社会科学文献出版社 1999 年版。

'五套丛书'，谁都会从这本书的作者中找到自己所熟悉或知道的名字并联想到他们的学术著述。但是，我敢说，没有多少人了解他们及其所代表的那一代民族工作者学术经历中的艰辛过程及其中包含的思想、感情和献身精神"。"谨以此书铭记所有参加过 50 年代民族调查的前辈学人及其合作者，为中国民族研究事业和民族工作作出的贡献。"本书涉新疆民族调查有 6 篇，它们是：谷苞《新疆社会历史调查的一些情况、体会和教训》、纪大椿《新疆察布查尔调查散记》、刘锡淦《回首往事，感慨万千》，周宝钰《难忘的岁月——记我在新疆少数民族社会历史调查组的学习和工作》，陈宗振《突厥语族语言调查琐忆》，陈鹏《我陪苏联专家搞语言调查》。关于对这些考察活动进行学术评述和研究的作品更少。

（一）四套由学人撰写的考察丛书

20 世纪 90 年代以降，随着对外国探险家新疆探察研究的展开，学界痛感中国学者的新疆探察实践成了研究中被遗忘一角的现状，开始着力组织新疆探察学者撰写回忆录性的考察，并取得了成功，引起学界关注，并渐成风气。

这方面较成功的有如下四套丛书：

一是马大正主编"中国边疆探察丛书"，1997 年由山东画报出版社出版。这是一套由中国学者撰写自己边疆考察实录的丛书，正如丛书的介绍词言："专家学者的考察散记，边陲僻地的探险亲历。"丛书迄至 2001 年，共出书 12 种。其中涉新疆探察的有马大正《天山问穹庐》，王嵘《无声的塔克拉玛干》，涉东北边疆的有米文平《鲜卑石室寻访记》，魏国忠等《谜中王国探秘》，顾德清《探访兴安岭猎民生活日记》；涉北部边疆的有：盖之庸《叩开辽墓地宫之门》，盖山林《草原寻梦》；涉西北边疆的有：白滨《寻找被遗忘的王朝》；涉西南边疆（含西藏）的有：汪守生《西南访古卅五年》，黄光成《大江跨境的回眸》，曹成章《版纳絮语》，李坚尚《喜马拉雅寻觅》。丛书主编马大正在丛书献辞中说："瑞典探险家斯文·赫定一册《亚洲腹地旅行记》曾倾倒了几代中外读者。百年来，特别是近几十年来，中国学者的边疆探察实践远远超越了前辈，众多研究成果世人瞩目。出版一套由中国学者撰写的边疆探察实录，由此描述一个历史和未来沟通的文化景观，进行一番具有文化色彩的哲学思辨，传递一种文化考察的信息。总之，让中国学者几十年埋头边疆探察工作中所经历的发现的快乐，田野作业的艰苦、奇观、险情、趣事以及他们的感慨和思考，通过主观的视角，以旅行记、日记、随笔加照片的形式讲述给读者，使读者在轻松的阅读中得到历史学、考古学、人类学、民族学、民俗学、地理学诸方面的知识，让鲜为人知的专业研究进入普通读者的视野，这是我多年的夙愿。今天呈现给读者的就是这样一套由专家学者共同完成的著作。"

二是，马大正主编"边地文化探踪丛书"，2000 年由新疆人民出版社出版。这套丛书实际是"中国边疆探察丛书"的孪生兄弟，共出书 5 种，三种是新疆探察题材：胡文康、王炳华《罗布泊——一个正在解开的谜》，胡文康《走进塔克拉玛干》，齐东方《走进死亡之海》；另外两种是唐戈《在森林在草原》，马大正《海角寻古今》。丛书主编马大正在《写在前面》明言：

> 《边地文化探踪》丛书，之所以定名边地，除了习惯上的边疆地区外，还将包括青海、宁夏、贵州等极具特色的边远之地；而文化探踪的定名，意在突出考察的文化内涵和作者的学者背景，以与漂泊探险的实践者和相关作品相区别。
>
> 《边疆文化探踪》丛书将邀请当代具有边疆文化探察亲身经历的学者参加撰写工作。
>
> 我们希望《边地文化探踪》丛书不仅成为致力于边地文化考察实践者共同的园地，也能为更广大的读者所接受、所喜爱。
>
> 让学术走入大众，让大众了解学术。
>
> 让文化充满雅趣，让大众在雅趣熏陶下揭谜心醉。

三是，马大正主编"走进中国西部的探险家"系列丛书。[①] 马大正在丛书的"序"中坦言：

> 19 世纪至 20 世纪前半叶外国探险家在中国西部的考察活动，曾是帝国主义侵华史研究的一项重要内容，中国人民每想到这一时期外国探险家在中国西部考察时无视中国主权、私挖文物，偷猎珍稀动物

---

① 马大正主编："走进中国西部的探险家"系列丛书，中国民族摄影艺术出版社 2002 年版。

的行径，总有一种民族感情受到莫大伤害的耻辱感。

对此，我们不会忘记，也不应忘记！

但是，我们也应认识到，外国探险家们在当时的历史条件下，他们的考察实录和考察成果，均无一例外地成为可供后人借鉴、研究、评述的历史遗产。

这就是本套丛书立题的出发点和归宿点。

"丛书"以个人立传、重点评介传主走进中国西部的考察经历，兼及传主的成长过程和晚年生活，使读者对传主有一个全景式了解。丛书是一套以严谨的学术研究为依托的知识性评传，评价人物时坚持两点论。一切从当时历史实际出发，该肯定的肯定，该否定的否定，对传主既不美化，也不妖魔化，坚持实事求是原则。

"丛书"包括六册：《斯文·赫定》《斯坦因》《马达汉》《普尔热瓦斯基》《橘瑞超》《黄文弼》，惜《黄文弼》一册因故未能成稿而付阙。

四是，杨镰主编"中国西部探险丛书"，1999 年由中共中央党校出版社出版，共出书 4 种：夏训诚、胡文康《与彭加木同行》，林梅村《楼兰——一个世纪之谜的解析》，奚国金《罗布泊之谜》，杨镰《最后的罗布人》。主编杨镰在题为《走进新世纪——"中国西部探险丛书"缘起》的编后记中明言：

这是一部以探险与发现，历史与现实，知识与趣味，深刻与曲折并重的丛书。

为体现这一特色，我们特邀请在同一领域有研究、有影响的学者执笔撰写每一部书稿。这些作者不但是近年来坚持在中国西部探险考察的前沿位置的专家，学术活动相当活跃，有相关的专著、论文发表，而且都是多次亲身到中国西部从事探险考察的亲历者，甚至可以说本人就是当代的中国西部探险家。他们所写的，不但有自己的研究心得，也有自己在生活中积累的丰富感受。在中国西部这个贯穿古今的宏大背景下，充分体现了每一位作者的学术个性、治学特点和生活道路。换句话说，这是由突出成就的专家学者写给广大读者的书。而他们将自己丰富的人生经历，都融入字里行间。我们提倡作者表现独特的思考，并从不同的视角来深化这一共同的主题。

丛书作者中胡文康还著有《天山地图》① 等，林梅村还著有《寻找楼兰王国》② 等探察实录类作品。

（二）四位学人所写的考察综述

除上述四套丛书外，还有四位边疆考察者撰写的学术考察值得注意。

一是穆舜英。穆舜英1960年毕业于北京大学历史考古专业，同年赴新疆从事考古研究，历四十年。她是世界上第一位成功闯入"死亡之海"罗布泊，进入楼兰地区进行探险考察的女考古学家。在其所著《寻找楼兰：一个世纪的发现》一书中，"生与死的楼兰——历史回眸"是一位历史学家所写的楼兰简史；"经行者的足迹——20世纪初的探险"则是一位考古学家对楼兰探险史的回溯和评议。而本书最有价值，也是最吸引读者的是"去楼兰——寻找失落的文明"，在这里作者详述了1979年6月、11月和1980年3—4月三次考察罗布泊、寻找神秘王国楼兰的奇异经历。正是在1980年3—4月考察中发现了轰动中外的"楼兰美女"。穆舜英在书中回忆道："参加挖掘的人员主要是考古所人员，有艾尔肯、伊弟利斯以及我，刘玉生负责摄影，司机陈树德也来帮忙。""这是一具女性干尸，保存完好。古尸面目清秀，瘦削的脸庞上有一尖尖的下颏，深目微闭，鼻子直而尖，薄薄的嘴唇紧闭着，身长约有1.50米。古尸的皮肤、指甲、毛发保存完好，皮肤呈褐色，头发蓬松地散披在肩上。据我国从事古人类学研究的学者初步鉴定，这具古尸具有雅利安人种的特征，据此判断，死者生前应是我国古代一位少数民族妇女。""这具女性古尸经上海第一医学院等单位测定，死亡年龄约在40—45岁，生前是一个强壮的中年妇女。世称'楼兰美女'。"③ 穆舜英还与梁越合著《楼兰：千年的传奇和千年的谜》（外文出版社2007年版）。

二是王炳华。王炳华1960年毕业于北京大学历史系考古专业，同年赴新疆从事考古研究，历四十年，足迹及于天山南北、葱岭东西、塔克拉

---

① 胡文康：《天山地图》，新疆人民出版社2006年版。
② 林梅村：《寻找楼兰王国》，北京大学出版社2009年版。
③ 穆舜英：《寻找楼兰：一个世纪的发现》，新疆人民出版社2006年版，第47—49页。

玛干沙漠内外。曾任新疆文物考古研究所所长、研究员。现为中国人民大学国学院西域历史语言研究所特聘教授、博士生导师。著有《丝绸之路考古研究》《天山生殖崇拜岩画》《吐鲁番古代文明》《新疆古尸》《西域考古历史论集》《西域考古文存》等。王炳华还撰写自己的新疆考古实录、散记。主要有：《新疆考古散记》①《沧桑楼兰——罗布淖尔考古大发现》②《精绝春秋——尼雅考古大发现》③《悬念楼兰——精绝》④《原始思维化石——呼图壁生殖崇拜岩刻》⑤。上述均是以作者第一人称的视角撰写的考察实录。作者在《新疆考古散记》序中对自己的考古生涯有一段自述："这 40 年中，足迹所及，真可以说是'上穷碧落下黄泉'；到过海拔 5000 米以上的帕米尔高原，实际进入了前去阿富汗、巴基斯坦的大坂、峡谷；也曾在海平面以下的吐鲁番地，访古问今。在罗布淖尔荒原上，不断寻找，终于捕捉到了 4000 年前古代罗布淖尔土著居民葬身的古墓沟，重新找到了小河古墓沟，旅游业者形象称之为'太阳墓'；小河，当地维吾尔族称之是埋葬着一千口棺材的魔幻葬穴。在哈密五堡的戈壁上，寻觅到了一大片青铜时代的墓地，由此揭开了哈密绿洲现代考古的篇页，这里出土的精美毛织物，至今仍是令人迷惑不解的一个谜团。在人迹罕至的天山腹地，发现了古代先民祈求生殖繁衍能力的原始宗教圣地——康家石门子岩刻。同样是在天山深处，认真观察了至今依然屹立、傲视远近的唐代鸲鹆镇戍堡，它控扼吐鲁番进出天山的咽喉。在阿勒泰山深处的岩洞中，与易漫白、王明哲一道，寻找到了一万年前古人进行祈祷、渴望围猎有获的彩色壁画；还在阿勒泰山前一起发掘了克尔木齐石棺古冢。俄罗斯考古学家认为它是解开南西伯利亚与准噶尔盆地古代文明之谜的钥匙。在伊犁河流域的乌孙古冢，同样捕捉到古代文献中不见一点痕迹的历史生活鸿爪。塔克拉玛干沙漠尼雅河流域，只是为了一探古代精绝居民的来龙去脉，从昆仑山口到沙漠腹地，曾经有幸踏沙 7 年。帕米尔东麓的佛教圣迹、克里雅河古人留下的灌溉渠系，米兰河畔的伊循屯地、楼兰城地下的早期文化遗

---

① 王炳华：《新疆访古散记》，中华书局 2007 年版。
② 王炳华：《沧桑楼兰——罗布淖尔考古大发现》，浙江文艺出版社 2002 年版。
③ 王炳华：《精绝春秋——尼雅考古大发现》，浙江文艺出版社 2003 年版。
④ 王炳华：《悬念楼兰——精绝》，浙江文艺出版社 2012 年版。
⑤ 王炳华：《原始思维化石——呼图壁生殖崇拜岩刻》，商务印书馆 2014 年版。

存、天山北麓峡谷中的汉代关成……这 40 年中，确实，可以无愧说，生命没有虚度：在新疆考古这一园地中，不少点，是因着我和一些同事的汗水，才得可能呈现在世人面前，填补了既往的空白，书写了新的考古、历史篇章。"① 而所有这一切，作者"用轻松的一点的文字"，用散文的体裁，通过考察实录的形式，介绍相关地区的历史和文化，"实际是同样存在社会需要，值得专业研究人员去做的"。②

三是杨镰。中国社会科学院文学研究所研究员、博士生导师。研究专长是元代文学史和西部探险考察史，在后一领域奉行"读万卷书，行万里路"的古训，不仅整理、著文点评大量中外探险家考察的文献，而且亲自踏勘新疆秘境，并撰写了引人入胜的考察实录。他所著《寻找失落的西域文明》综述了中外探险家在新疆进行探险考察活动，所涉及的时段，以 20 世纪前期为主。据作者自述："本书与一些同类著作的区别，主要在于：一，注重人物的活动；二，不忽略细节。从有了写作契机，我就希望书中的人物不同于史传的传主，而如同一部场面恢宏的历史小说的各种角色，在不同的场景中起着不同的作用。只是书中所写的一切，都有相应的文献依据，没有虚构成分。"③ 而对所涉形形色色的中外探险家们，作者认为："不论赞成，还是贬斥，只要你想了解认识新疆和中国西部，就不可能无视他们的存在。"④ 他撰写的个人考察实录，依我所读有：《发现西部》⑤《云游塔里木》⑥《发现新疆——寻找失落的绿洲文明》⑦《最后的罗布人》⑧《守望绿洲》⑨《黑戈壁》⑩ 等。还编著了《亲临秘境——新疆探险史图说》⑪。杨

---

① 王炳华：《新疆访古散记》，第 2—3 页。
② 王炳华：《新疆访古散记》，第 2—3 页。
③ "导语"，北京航空航天大学出版社 2010 年版，第 1 页。按，本书 1995 年由中共中央党校出版社初次出版，时书名为《荒漠独行——寻找失落的文明》。
④ "导语"，北京航空航天大学出版社 2010 年版，第 1 页。
⑤ 杨镰：《发现西部》，新疆人民出版社 2000 年版。
⑥ 杨镰：《云游塔里木》，新疆人民出版社 2003 年版。
⑦ 杨镰：《发现新疆——寻找失落的绿洲文明》，北岳文艺出版社 2009 年版。
⑧ 杨镰：《最后的罗布人》，北京航空航天大学出版社 2010 年版。按，本书初版于 1995 年由中共中央党校出版社出版。
⑨ 杨镰：《守望绿洲》，新疆青少年出版社 2011 年版。
⑩ 杨镰：《黑戈壁》，北京航空航天大学出版社 2011 年版。按，本书 2005 年由知识出版社初次出版。
⑪ 杨镰：《亲临秘境——新疆探险史图说》，新疆人民出版社 2003 年版。

镰新疆考察既有孤身独行，也有结队而行。1992 年 10 月由中国社会科学院中国边疆史地研究中心、新疆维吾尔自治区文联西域艺术研究会与瑞典国家民族博物馆、瑞典斯文·赫定基金会联合组织的"20 世纪西域考察与研究"学术考察队穿越塔克拉玛干沙漠的学术考察，杨镰是考察队队长之一，王嵘在其《无声的塔克拉玛干沙漠》① 一书中对考察队队长杨镰有生动的记述。在马大正主编《塔克拉玛干考察纪实》② 一书中也可找到杨镰在此次考察活动中的踪迹。2006 年杨镰作为"中国社会科学院罗布泊探险科考队"队长，在杨匡满《罗布泊的太阳等我回家》一文中尽显其风采！③

杨镰在其学术回忆录《在书山与瀚海之间》对自己的西域考察与研究学术生涯列了如下三个专题：新疆探险与发现，"新疆绿洲文明"国情调研，地平线上的绿洲。作者在跋语中这样总结自己的研究生涯："在我，新疆并不遥远，北京也从无'象牙塔'。我是以'发现'为立足点，将古代文献研究和新疆人文地理与探险考察联系起来。无论是小河、老阿不旦、通古孜巴斯特……它们的立足点都是'发现'。而'发现'是以文献（古今中外）与抵达实地的现场感为共同支撑。文献，必不可少的工作离不开推导来源。亲临实地，则是对文献的补充与加深理解"。④ 在刊于该书封底的献辞中还如此告白："通过四十多年的持续不断的追寻、求索，在新疆天山南北，我留下了跋涉者的足迹，也留下了汗水与泪水。在寻找失落文明的同时，我们也在寻找精神家园的守望者、古老文明的传承者，以及潜藏在文明史字里行间的永恒的情感。"

四是本书作者马大正。由于中国边疆史地研究工作的需要，作为中国边疆研究史的有机组成，新疆考察史研究进入我的研究范围。20 世纪 90 年代，我先后撰写了《20 世纪新疆考察研究》⑤ 和《有清一代的新疆考察》⑥。同时自 20 世纪 80 年代以来，我也遵"读万卷书，行万里路"古训，

---

① 王嵘：《无声的塔克拉玛干》，山东画报出版社 1997 年版。

② 马大正主编：《塔克拉玛干考察纪实》，新疆人民出版社 2023 年版。

③ 杨匡满：《罗布泊的太阳等我回家》，载杨匡满《一个人的冒险》，东方出版中心 2009 年版，第 1—33 页。

④ 杨镰：《在书山与瀚海之间》，中国出版集团、东方出版中心 2012 年版，第 216 页。

⑤ 马大正：《20 世纪新疆考察研究》，《中国边疆史地研究》1992 年第 3 期。

⑥ 马大正：《有清一代的新疆考察》，《西域考察与研究》，新疆人民出版社 1994 年版。

对中国边疆地区进行实地考察，其中新疆是去得最多的一个边疆地区。

2012 年曾撰文《我的新疆考察与研究》①　一文进行了简要回顾与小结。

1. 新疆考察的基本概况

其一，自 1981 年以来，迄止 2014 年 12 月，33 年间我共去了新疆 56 次。

其二，新疆共有 33 个边境县，我走马观花到了其中 27 个县，当然已去过的 27 个县中，30 余年间有的去过不止一次、两次，甚至是五次、六次，我目睹了 30 余年间翻天覆地的变化。

其三，新疆的口岸我去了伊犁的霍尔果斯口岸，现在是中国和哈萨克斯坦共和国边境最大的公路口岸，我第一次去是 1986 年；博尔塔拉州的阿拉山口口岸，我第一次去是 1982 年。南疆克孜勒苏柯尔克孜自治州的吐尔尕特口岸和伊尔克什坦口岸；中国跟巴基斯坦交接的红其拉甫口岸，红其拉甫口岸海拔 4733 米，1995 年在红其拉甫口岸，充分体验到这个口岸自然条件的恶劣和中国跟巴基斯坦两国关系的友好，真是感触很深，我们在红其拉甫口岸海拔 4733 米的界碑前待了有将近一个小时，正好遇上巴基斯坦巡逻的边防军他们，对中国的态度太友好了。还有就是跟蒙古国交接的塔克什肯口岸，塔克什肯口岸在青河县。上述几个新疆比较大的口岸，我去了不止一次。从这些口岸我们可以体会到我们国家的 30 余年的经济实力的变化、综合国力的提升和边贸活动的发展脉络。

其四，我有幸沿塔克拉玛干沙漠边缘，断断续续地车行走圆了一圈，涉及的大小城市有库尔勒、轮台、库车、阿克苏、巴楚、喀什、阿克陶、英吉沙、莎车、泽普、叶城、皮山、墨玉、和田、策勒、于田、民丰、且末、若羌等。而且 1992 年我还曾沿和田河床由北向南穿越过塔克拉玛干沙漠，在沙漠深处的麻扎塔格古城堡遗址有过一夜宿营的经历。

其五，边境线。边境一线我走得不太多，我曾从塔城出发，沿着边境线，从塔城到了博尔塔拉蒙古自治州的博乐市。博尔塔拉蒙古自治州的 384 公里的边境线，我基本上都走了，到了它最西端的卡昝边防卡，海拔 3700 米。这是我们从地图上来看是最西端。另外在伊犁，我沿着伊犁的察布查尔县的边境线走过不止一次，实感了哈萨克族护边员对国家的忠诚。

___

① 马大正：《我的新疆考察与研究》，《石河子大学学报》（哲学社会科学版）2012 年第 6 期。

其六，新疆周边有 8 个邻国。我去了 5 个国家，蒙古、俄罗斯、哈萨克斯坦、吉尔吉斯斯坦和巴基斯坦。我到哈萨克斯坦的时候，还专门到巴尔喀什湖的南角，咱们外交部文件说，过去巴尔喀什湖以东、以南是中国的领土，19 世纪以后给俄国割走了。我们从阿拉木图到那里去看看，而位于巴尔喀什湖以东、以南的东南角察林河畔，又是土尔扈特回归以后，跟清朝政府的巡逻部队见面的地方，这也很有历史感。另外，我们还沿着吉尔吉斯斯坦的伊塞克湖转了一圈，伊塞克湖就是过去历史上的热海，这个地方确实是自然条件非常好。有实感跟没有实感是不一样的。

2. 新疆考察的四个重点

自 1981 年我第一次踏上新疆的土地，迄今已有三十余年了，我的新疆考察是与我的新疆研究同步推进的，三十余年研究未间断，故三十余年间新疆考察也未停止。与我所研究的内容有关，我的新疆考察大体上是围绕着如下四个研究方向展开的。

一是，围绕新疆蒙古族研究展开的考察。新疆蒙古族包括卫拉特蒙古和察哈尔蒙古两部分。我开始涉足新疆研究，就是研究卫拉特蒙古，1981年完成了《准噶尔史略》一书，这是一本集体著作，1985 年由人民出版社出版，时过 20 余年，2007 年广西师范大学出版社又予以再版，也就是说本书的学术价值经住了时间的检验，这是对研究者最高的奖励。

围绕着卫拉特蒙古历史研究的展开，1982 年我们组织了"新疆蒙古族社会历史考察"，考察了新疆蒙古族主要聚居地巴音郭楞蒙古自治州的库尔勒市、和硕县、和静县、博尔塔拉蒙古自治州的博乐市、精河县、温泉县，塔城地区的和布克赛尔蒙古族自治县，伊犁哈萨克自治州的伊宁市、察布查尔锡伯自治县、特克斯县、尼勒克县、昭苏县等，还专门踏访了天鹅湖、博斯腾湖、赛里木湖的奇艳景色，领略了巴音布鲁克草原沃美自然条件，行程 5000 余公里。这是 1949 年以来首次对卫拉特蒙古社会历史进行的一次综合性考察，我曾以此次考察为基本线索，撰写了《天山问穹庐》一书。

通过考察推动卫拉特蒙古历史研究，从学术角度言有如下三个方面：

其一，收集到托忒文文献有十余种之多，对于历史研究来说，这是一批十分重要的原始文献，考察结束后我们组织力量将这批托忒文文献进行汉译，并以此为线索，从中国第一历史档案馆里又搜集到一批清代顺治年间的托忒文档案，所有这一切无疑大有利于卫拉特蒙古历史研究的深化。

其二，在考察中发现了一些史书上没有记载的东西，对于我们历史研究是一个很重要的补充。比如说在土尔扈特东归时，有个非常重要的喇嘛，叫罗布藏丹增（洛桑丹增）。这个喇嘛在土尔扈特蒙古东归时起了很重要的作用，他是东归的领导核心的成员。可是这个人物，我们从史书上来看，从汉文档案中来看，卫拉特蒙古回来以后，所有的东归首领们都受封了，就这个喇嘛从史料上消失了，但是这个人物实际上没有消失。我们通过实地调查和满文档案的查阅，把这个人物的来龙去脉，特别是他回归以后的生活情况基本上复原了。而这个复原的工作的起点，就是我们这次考察。因为我们在考察过程中，在巴音郭楞蒙古自治州的巩乃斯，发现了一个已经在"文化大革命"中被毁的喇嘛庙的遗址。我们去的时候这个喇嘛庙正在酝酿要恢复重建，我们找到了这个喇嘛庙的原来主持的活佛。他告诉我们，东归时的罗布藏丹增原是这个庙的主持，还向我们提供了藏文的昂嘉活佛的世系谱。回到北京后，我们就顺着这个线索，到中国第一历史档案馆去找有关的满文的档案。最后才弄明白，回来以后乾隆皇帝不让他参与政治活动，让他回归宗教，给他建了个喇嘛庙，也不让他回新疆。当时乾隆皇帝实际上对回归的土尔扈特还不是很放心。所以他把这个政治人物，他们的精神领袖给留在北京了，没让他回去。通过这个事情，我们不光是把东归中间的这么一个重要的领袖人物的来龙去脉弄清楚了，而且对于我们进一步认识当时清朝的治边政策也提供了一个很好的案例。我据此撰写了《罗卜藏扎尔桑史事述叙》①获得学界同人的好评。

其三，通过这次考察以后，结识了很多蒙古族朋友。认识他们，有助于我们在研究这段历史的时候，考虑问题更全面了。这是我长期从事民族史、边疆史研究中间的一个很深的体会。凡是研究过民族史的，或者涉及边疆史研究的学者，跟研究断代史的学者看问题，发现问题的视角不完全一样，对一个问题的反应，对现实中间的一些涉及民族边疆问题的反应，对历史上的涉及民族边疆问题认识不完全一样。所以会不一样的一个很重

① 马大正：《罗卜藏扎尔桑史事述叙》，《民族史论丛》第一辑，中华书局1987年版。

要的因素，就是研究民族边疆的学者们，他们多少都有和少数民族同行们交流的机会，从各民族的同行中间的一些看问题、分析问题的视角中间得到启发。从卫拉特蒙古历史研究来看，长期以来就把所有的卫拉特蒙古那些历史人物，凡是反对清朝的统统说成是叛乱。这其实不符合历史事实，有一些不是叛乱，有一些是叛乱。我们跟蒙古族的乡亲们和专家们一起讨论中间我们会受到非常大的启发。所以由此我们在 80 年代的卫拉特蒙古史研究中，提出了一些可以称为拨乱反正的命题。为此我撰写了《论噶尔丹的政治和军事活动》①。我们把 18 世纪的卫拉特蒙古的历史，回归它的真实的历史地位。我们现在认为，在 18 世纪的中国的历史上，特别是西北和北方地区，卫拉特蒙古是当时一支非常重要的政治力量。他既有跟清朝政府对抗的一面，也有跟清朝，跟内地和好的一面，关系是非常密切的。从另外一角度，当清王朝的力量还没有发展到控制整个新疆时，面对俄国的侵略，抵抗俄国侵略的就是卫拉特蒙古的领袖和群众，当时他们在第一线。从统一多民族国家全局的角度来看，18 世纪的卫拉特蒙古历史地位和历史作用，应该予以充分肯定，这个命题得到了国内外的学术界的认同。

二是，围绕瑞典探险家斯文·赫定研究展开的考察。20 世纪 80 年代，我所在的中国边疆史地研究中心着力开展中国疆域史、中国近代边界沿革史、中国边疆研究史的研究，新疆考察史作为中国边疆研究史的重要组成部分引起我们的关注。找一个怎样的切入点呢？

记得 1989 年秋天，瑞典驻华使馆文化参赞通过友人给我传递有意就瑞典探险家斯文·赫定的新疆考察进行合作研究的意向。斯文·赫定一册《亚洲腹地旅行记》我读过，学习中国近代史时，斯文·赫定是归入帝国主义文化侵略范畴里的人物，但我又觉得如此评价斯文·赫定似还有推敲的空间，而且通过国际合作，无论从学术上还是物质上对于推动新疆考察史研究都应该是有百利而无一害的，于是经过几年的酝酿，终于在 1992 年我们和瑞典有关机构在乌鲁木齐召开了"西域考察与研究"国际学术讨论会，会后组织了由 10 余位中外学者参加的沿和田河河床由北向南的学

① 马大正：《论噶尔丹的政治和军事活动》，《民族研究》1991 年第 2 期。

术考察，我有幸成为这次国际学术合作的组织者和参加者。由于这次学术考察使我们亲历了塔克拉玛干沙漠周缘的绿洲库尔勒、库车、阿克苏、和田、民丰、且末、若羌诸县市，以及秋日已干涸的和田河河床和大沙漠的奇景。

更重要的是通过这次国际学术合作，学术上取得了如下两点可称为新的突破：

其一，对瑞典探险家斯文·赫定探险生涯，做了综合性研究，组织相关专家撰写了《瑞典探险家斯文·赫定评传》，这是当时国内第一本较为翔实、公允的有关斯文·赫定的评传，同时对晚年斯文·赫定在组织中瑞西北科学考察团的学术实践进行了资料收集与初步评议。

其二，对斯文·赫定以及与他同时代的外国赴新疆考察诸多探险家的历史评价有了新的认识，改变了以往将所有探险家都归之为侵华势力代表、走卒的简单化倾向，而是提出了两点论，亦即是坚持实事求是的原则，对于斯文·赫定的探险活动的业绩和精神应予充分肯定，对于其著作和考察成果的学术价值应予足够的重视，两者都是值得我们今天应予批判继承的不可轻视的历史遗产。当然，对于形形色色探险家在其探险活动中损害中国人民感情，破坏中国主权的行径则应予以揭露与批评。我们提倡两点论，简言之就是把 19 世纪以来外国探险家在新疆的探险活动，要具体人具体分析，具体问题具体分析，该肯定的要肯定，该继承的要继承，该研究的要研究，该批判的要批判，而再不要简单化地将他们的活动统统归之于帝国主义侵华史的一部分。这一认识现在已成为学界的共识。

这次学术考察成果的结集《西域考察与研究》，1994 年由新疆人民出版社出版。

三是，围绕新疆稳定和发展研究展开的考察。1990 年我们启动"当代中国边疆系列调查研究"第一期项目，至 2001 年历时十年共进行了四期，其中涉及新疆稳定与发展内容共有六项，有全疆性的也有地区性的，为完成上述研究项目，我有机会深入新疆各地州，诸如：喀什、和田、阿克苏、伊犁等地更是不止一次深入基层、边境一线和相关口岸，开拓了当代新疆治理研究的视野和思路，深化了对新疆地区反分裂斗争长期性、复杂性、尖锐性的认识，正是在此基础上，完成了一批理论性与应用性兼具的调研报告。

在调研报告中总结了反对分裂、打击恐怖、维护稳定的六点战略共识：

①分裂是新疆的主要危险，暴力恐怖活动日益成为分裂势力主要破坏形式，新疆地区反分裂斗争将是长期的，复杂的、尖锐的；

②维护新疆稳定是一项社会系统工程，"求因治本"，应在下大力气进行敌情和社情调研基础上寻求治本之策，把争取民心，团结各族群众大多数作为治本之策的根本，对敌人打击，对人民教育，两手都要抓，才能使我们在反分裂斗争中立于不败之地；

③发展新疆经济，改善各族人民生活是第一位工作，是硬道理。在西部大开发的大好形势之下，及时调整新疆经济发展战略，以及"得民心工程"的出台，都可视为是这方面努力的有益尝试；

④从稳定和发展新疆全局出发壮大兵团，发展兵团战略决策的出台，兵团改师建市的步伐应有实质性进展；

⑤干部问题是新疆发展和稳定诸多问题中的重中之重，如何发挥新疆汉族干部的作用，进一步加强民族干部的培养和选拔成为当务之急；

⑥牢固树立"是什么问题，就作什么问题来处理"的观念。过去，分裂势力一闹，就笼统地归之为民族问题，自缚手脚，按法律该抓的不抓，该判的不判，要解除精神枷锁，敢于正视问题，才能解决问题。

上述归纳与总结，得到了从中央到地方决策部门的关注与重视。

四是，围绕新疆生产建设兵团分布格局研究展开的考察。新疆生产建设兵团近 270 万人口，团场遍及北疆、南疆。兵团是中国历史上屯垦戍边传统的继承和发展，也是当代新疆稳定和发展的重要力量。发展兵团、壮大兵团是治理新疆的战略需要。

新疆生产建设兵团分布格局研究是新疆稳定战略研究课题派生出来的一个子课题，这个课题 1999 年立项启动，调研了农一师（阿克苏地区）、农三师（喀什地区）、和田管理局、农四师（伊犁州）所属团场，特别是边境团场，行程近一万公里，调研工作持续了近两个月。2000 年我们又对哈密管理局的兵地关系进行了补充调研，于 2001 年完成了《新疆生产建设兵团布局与新疆稳定研究》的调研报告，提出了 21 世纪完善兵团布局的基本思路：

完善兵团布局的基本思路可用 16 个字来概括：抓住两头，突出中心，画圆南圈，加强一线。①

同时我们还建议：改局建师设市和建设新疆通向内地第二通道。

所谓改局建师设市，即是和田管理局、哈密管理局、乌鲁木齐管理局改局建师，阿拉尔、图木舒克、五家渠和北屯设市。

所谓建设新疆通向内地第二通道，即是打通库尔勒至青海的交通通道。

上述建议得到兵团的高度重视，并已为党和国家相关决策部门所采纳，并已付诸行动。

综上所述，我深感新疆考察是一个非常大的题目，值得一个人花一辈子精力来实践，我在研究新疆的同时，也成为一个新疆考察的实践者，这是我人生之幸事！

为了推动新疆考察研究的深化，我还参与了大型翻译系列丛书"西域探险考察大系"选题、翻译的组织工作，并担任了顾问。该丛书 1993 年由新疆人民出版社开始出版，获中外学界的重视与好评。新疆人民出版社于 2013 年又总体推出由张新泰任总主编，杨镰任主编的新版该套丛书共 30 册。同时基于世人了解中国学者新疆考察的成就和"让学术走向大众，让大众了解学术"的理念，主编了三套丛书："中国边疆探察丛书""边地文化探踪丛书"和"走进中国西部的探险家系列丛书"，并撰了个人的两本考察实录：《天山问穹庐》② 和《海角寻古今》③，还主编了《塔克拉玛干考察纪实》④，本书共收录了参加 1992 年"西域考察与研究"穿越塔克拉玛干沙漠国际考察活动的 15 位中外考察队员撰写的 22 篇考察记。

（三）两部"中日共同尼雅遗址学术考察"的实录

始于 1988 年的"中日共同尼雅遗址学术考察"至 2004 年学术考察工作结束，历时 16 年，成果丰硕。学术考察成果有：《中日／日中共同尼雅遗迹学术调查报告书》第一卷（1996 年中日／日中共同尼雅足迹学术调查

---

① 详细内容可参阅本书第五章二、边疆中心的当代中国边疆研究。
② 山东画报出版社 1997 年版。后经补充修订，2010 年由山东画报出版社再版。
③ 马大正：《海角寻古今》，新疆人民出版社 2000 年版。
④ 马大正主编：《塔克拉玛干考察纪实》，新疆人民出版社 2013 年版。

队、法藏馆印刷），第二卷（1999 年中日/日中共同尼雅遗迹学术调查队、中村印刷）。在 1995 年的考古中发现了有"王侯今昏千秋万岁宜子孙""五星出东方利中国"字样的织锦等珍贵文物，1996 年年初，尼雅调查被选为"1995 年中国十大考古新发现"之一。

景爱《尼雅之谜》① 是作者 1993 年 10—11 月受国家文物局委派，参加"中日共同尼雅遗址学术考察"的纪实。神秘的尼雅废墟是塔克拉玛干沙漠深处的古代绿洲国家"精绝"的故址。本书根据实地考察所见所闻，从不同角度介绍了尼雅昔日的辉煌和后来的衰败、废弃；从古代著名的绿洲之国、丝绸之路上的明珠，变成现实生活中这样没有生命的一片废墟。

齐东方《唤醒沉睡的王国——尼雅探秘》，作者是北京大学考古文博学院教授，他是"中日共同尼雅遗址学术考察"1995 年考察活动的参加者。在书中他以亲身经历和学者的情怀描述了考察中生活、工作、景色的故事。并通过历史文献的追述，将 1700 年前一个文化璀璨、歌舞升平的古老王国呈现在读者面前。

有关尼雅考察，前述王炳华也是参加者之一，他的《精绝春秋——尼雅考古大发现》和《悬念楼兰——精绝》对本项学术考察也有精彩记述。

有关此项学术活动还有两本书值得一读：

佛教大学尼雅遗迹学术研究机构编，中国历史文化遗产保护网译《丝绸之路——尼雅遗址之谜》②，本书对历时 16 年的"中日共同尼雅遗址学术考察"做了一次全景式的描述。

刘宇生、杨新才主编《小岛康誉之谜》③。日本友人小岛康誉是"中日共同尼雅遗址学术考察"的推动人、资助人和日方负责人，本书是一本旨在走近一位充满神秘色彩的日本友好人士，意图反映他真实面貌的书。

此外，由学者撰写的新疆考察实录，还有：

张平编著《草原民族文化的灵魂——新疆草原文化遗址考察》，作

① 景爱：《尼雅之谜》，中国书店 1999 年版。
② 佛教大学尼雅遗迹学术研究机构编：《丝绸之路——尼雅遗址之谜》，中国历史文化遗产保护网译，天津人民美术出版社 2005 年版。
③ 刘宇生、杨新才主编：《小岛康誉之谜》，新疆人民出版社 1998 年版。

者是考古学家，新疆文物考古所研究员。2004 年 3 月由中央电视台科教节目制作中心与中国社会科学院中国边疆史地研究中心策划组织"阿勒泰—伊犁"的人文遗迹学术考察与科普专题片拍摄活动。张平作为考古工作者参加了此项考察活动，考察的主要路线为：乌鲁木齐—吉木乃—青河—富蕴—北屯—阿勒泰—布尔津—哈巴河—乌尔季—克拉玛依—奎屯—乌苏—精河—霍城—伊宁—巩留—特克斯—昭苏—察布查尔—伊宁—吉木萨尔—乌鲁木齐。本书即是此项考察的实录。

黎羌《神州大考察——激情燃烧的人生之旅》①，全书近 70 万字。作者是山西师范大学教授，本书是他考察神州大地的散文集，涉新疆占了全书十三章的五章，其目如次：诗情画意游天山，走进塔克拉玛干，魂牵梦绕准噶尔，遥祭塔尔巴哈台，乌鲁木齐回旋曲。作者的学者身份，让这些考察记多了些文化的内涵。

四 20 世纪 80 年代以降记者及诸多文化人的新疆探险考察实录

20 世纪 80 年代以降，随着边疆形势的稳定，丝绸之路研究持续升温，中国记者及其他各色文化人的新疆考察实录不断问世，与同时基中国学者所撰的新疆考察实录互为补充，形成又一个认识边疆、了解边疆的亮丽窗口。有关著述实在太多，孟辉云的《胡杨泪》名噪一时，王蒙、周涛诸位有关新疆的散文，更是了解新疆必读的美文。下面所举凡的各书，仅以罗布泊—楼兰的考察实录为主。

（一）中国记者所撰新疆考察实录

强荧《死亡之海 60 天》②，作者身为上海《新民晚报》记者参加"中英联合探险队"于 1993 年 9 月 23 日至 11 月 21 日穿越塔克拉玛干沙漠，本书即是对此次考察的纪实，对这次死亡之海的穿越，作者还著有《死亡沙漠之旅》《穿越死亡》。1999 年强荧又著《绝境的地图——一个人的死亡之旅》，除了第一篇"死亡沙漠之旅"仍是记述 1993 年穿越塔克拉玛干沙漠之行外，还设专章介绍了刘雨田、余纯顺在新疆"死亡之旅"的事迹。

---

① 黎羌：《神州大考察——激情燃烧的人生之旅》，中国社会出版社 2009 年版。
② 强荧：《死亡之海 60 天》，上海人民美术出版社 1995 年版。

陆小娅，记者。1994年7月随中国探险协会"沙漠之舟"探险考察队，在夏季的酷暑中，乘着昆仑山的洪水，在和田上漂流了11天，由南向北穿越了塔克拉玛干沙漠；1995年，她独自上路，坐一辆军用卡车，跃上了喀喇昆仑山脉，来到世界上最高的哨所——海拔5380米的神仙湾边防连；1996年，她作为记者团唯一的女记者，从拉萨西行阿里，一直深入到喜马拉雅山中与世隔绝的什布奇峡谷，然后又沿新藏公路北上，再次穿越喀喇昆仑。《横渡"死亡之海"》① 是她这三年行程的纪实，也是她心路历程的纪实。

唐守业，《威海晚报》高级记者，张彬彬，《吉林日报》高级记者，1999年11月作为"《库尔勒晚报》《威海晚报》《城市晚报》记者世纪末罗布泊南北大穿越"探险队成员，与李立一起成功穿越了罗布泊，走了一条"魔鬼不敢走的路"。探险结束后，唐守业《惊吻罗布泊》② 即是此次探险考察的纪实；2004年11月和2006年4月唐守业又率队两次深入天寒地冻的罗布泊，第五次、第六次寻找彭加木，《寻谜彭加木》③ 则是这两次探寻之旅的实录。张彬彬《穿越罗布泊——魔鬼不敢走的路》④，是国内第一位女记者对罗布泊的记录和描述。张彬彬《徒步大漠——塔里木河古道探险纪事》则是作者2003年1月走进塔克拉玛干沙漠北缘的塔里木河古河道探察的纪实。作者在该书后书中深情表述："我探险，是因为我爱；我写书，也是因为我爱。生活待不我薄，我将自己所经历的故事，用诚实的笔不加修饰地叙述出来，讲给关注我的朋友，讲给热爱旅行的朋友，讲给那些渴望探险而又没有机会和条件探险的朋友。"⑤

杜培华《去楼兰》⑥，作者是八集电视纪录片《寻找楼兰王国》的制片人、导演、终稿撰稿人，本书是作者在20世纪90年代拍摄进程中的寻访素材的记述和对楼兰历史的思考。从记者、媒体人的视角来观察历史上

① 陆小娅：《横渡"死亡之海"》，国际文化出版公司2000年版。

② 唐守业：《惊吻罗布泊》，人民日报出版社2001年版。

③ 唐守业：《寻谜彭加木》，人民日报出版社2007年版。

④ 张彬彬：《穿越罗布泊——魔鬼不敢走的路》，新蕾出版社2000年版。本书2008年修订再版，书名改为《罗布泊印象——张彬彬的探险世界》，江苏人民出版社出版。

⑤ 张彬彬：《徒步大漠——塔里木河古道探险纪事》，中国青年出版社2004年版。

⑥ 杜培华：《去楼兰》，光明日报出版社2001年版。

未知的探索，对学人研究历史是有启迪意义的。

武纯展是新华社新疆分社高级记者，《天山南北的记忆》① 是他的新闻采访实录，这个集子是作者对采访生活的回眸，也是对旧地新知的感悟，更是一个老新闻工作者对新疆社会稳定和可持续发展的有力见证。

邓志勇《魔鬼之旅——中国记者首次穿越四大无人区探险纪实》② 和张天元《生死大穿越——中国记者西部四大无人区科教探险纪实》③ 都是作者对 2003 年 8 月中国记者 2003 年西部科考探险活动，穿越罗布泊、阿尔金山、可可西里和藏北羌塘四大无人区的纪实之作。

刘湘晨，集探险家、作家、摄影家、影视导演、文化学者多种身份于一身，常年游走在中国地理的最边缘，已出版有关新疆的探险考察纪实之作有：《太阳部落》④《留给你的高原》⑤《垂直新疆：从高山堆雪到坎儿井》⑥《凝眸之下》⑦《众山的拴马桩——帕米尔的另一种讲述》⑧ 等。

曹家骧《罗布泊笔记》⑨，作者是《文汇报》主任记者。长期关注生态环境——天蓝、地绿、水清的保护，本集收文 22 篇。罗布泊笔记仅是其中一篇。但作者关注重点的寓意也在其中了。

（二）诸多文化人所撰新疆考察实录举凡

尚久骖、吴云龙《背着一篓梦：新疆访察散记》⑩，作者长期生活新疆，从事戏剧创作和理论研究，深入天山南北采访创作素材，本书即为所写采访散文的结集。其中"麻扎塔克的灵感""徒步考察楼兰古城日记"等尤显真切、感人。

① 武纯展：《天山南北的记忆》，新疆人民出版社 2011 年版。
② 邓志勇：《魔鬼之旅——中国记者首次穿越四大无人区探险纪实》，广西人民出版社 2004 年版。
③ 张天元：《生死大穿越——中国记者西部四大无人区科教探险纪实》，甘肃人民出版社 2005 年版。
④ 刘湘晨：《太阳部落》，中国旅游出版社 2004 年版。
⑤ 刘湘晨：《留给你的高原》，中国民族摄影艺术出版社 2004 年版。
⑥ 刘湘晨：《垂直新疆：从高山堆雪到坎儿井》，新疆电子音像出版社 2008 年版。
⑦ 刘湘晨：《凝眸之下》，新疆青少年出版社 2011 年版。
⑧ 刘湘晨：《众山的拴马桩——帕米尔的另一种讲述》，新疆青少年出版社 2014 年版。
⑨ 曹家骧：《罗布泊笔记》，广西人民出版社 2005 年版。
⑩ 尚久骖、吴云龙：《背着一篓梦：新疆访察散记》，新疆人民出版社 2006 年版。

王族，军人出身散文家，现居乌鲁木齐，他在《游牧者的归途》① 中对新疆六个地方：阿勒泰、吐鲁番、库车、塔什库尔干、喀什、和田，做历史叩问和地理经历，充满着文化情趣。

孤岛（本名李泽生），散文家，《西部》杂志社编委，《新疆流浪记》② 这部长篇散文游记，记述了 20 世纪 80 年代末他从乌鲁木齐经石河子、奎屯、伊宁，到那拉提，翻越天山，往库车、阿克苏、喀什，到莎车，经和田、于田、民丰、且末、若羌（米兰古城）、库尔勒，返回乌鲁木齐，再从乌鲁木齐往东北方到奇台、木垒，"流浪"新疆的所见所闻。

庞天舒《探险神秘之地——一位军中女作家穿越罗布泊的手记》③，本书记叙了 1995 年 12 月作者跟随中国地质科学院及新疆第三地质大队的科学家组成的考察队，深入我国著名的死亡之海——新疆罗布泊无人区寻找钾盐矿，历时一个多月，终于在罗布泊地找到特大型钾盐矿床的传奇经历。这不是一本科考作品，作者还描述了这片土地的历史变迁，古城兴衰，以及最后被漫漫黄沙吞噬的故事，显示了历史与文化的厚重感。

高建群，作家，1998 年他与作家周涛、毕淑敏参加中央电视台大型纪录片《中国大西北》撰稿工作，其间随摄制组在死亡之海罗布泊待了十三天，《穿越绝地——罗布泊腹地神秘探险之旅》④ 即是此次探险考察的实录，同时也讲述了罗布泊的历史，以及与罗布泊探险有关著名的和不著名中外探险家、考察家的事迹与故事。

刘沙，1997 年 10 月 9 日至 10 月 26 日由中国旅游总社组织的中国首次百人徒步罗布荒漠"探险旅游"，1999 年初春写就了这本 10 余万字的《有限背叛——一群都市人的罗布荒漠行》。在洪丕谟所撰的序一中说："同样是涉险者，在这一百人组成的大团中，要把这涉险旅游的所见所闻，上升为文化，上升为哲理性思考，并形成文字，哲人之思、楚人之心、艺

---

① 王族：《游牧者的归途》，新疆人民出版社 2006 年版。本书 2007 年由花城出版社出版再版本，书名改为《马背上的西域》。

② 孤岛：《新疆流浪记》，中国文化出版社 2009 年版。

③ 庞天舒：《探险神秘之地——一位军中女作家穿越罗布泊的手记》，长虹出版公司 1998 年版。本书 2007 年由新华出版社再版，书名改为《与楼兰同在：寻找消失的罗布泊》。

④ 高建群：《穿越绝地——罗布泊腹地神秘探险之旅》，湖南文艺出版社 2000 年版。本书 2014 年由陕西师范大学出版总社有限公司再版，书名改为《罗布泊档案——罗布泊腹地探险之旅揭秘》。

人之眼、文人之笔，当此重任，为人所不能为。"①

柴火，原名紫燕蒲，当过记者的自由职业者，她也是上述"中国首次百人徒步罗布荒漠"探险旅游的参加者，她写就了一本更富于历史沉淀，更带有哲理思考的《魂系罗布泊》②。

毛毛（原名毛眉），任职新疆昌吉回族自治州文联，著有《西藏纪行》《内蒙古纪行》《宁夏纪行》《青海纪行》《海南纪行》《广西纪行》《去呀去，走到云之南》等旅游散文集。《边疆游记——走遍新疆》③记述了她 1996 年行走新疆时的所见、所闻、所思。正如刘雨田所撰序言所指出："这组文字的作者在她女性化的叙述里叫其孤单一身，独力前行的经历，流畅地表达出了她的主观意识。在这样的叙述中，我们看到了一个自由灵魂的飞舞，我们看到了一幅幅长久期待的内心梦境。"《家住天山北坡》是"一部游记体形象化的庭州小史"，"天山北坡，沙漠南缘，八颗明珠，一脉贯穿"。"女作家以特有的敏感细腻书写着自己真诚纯洁而又深刻的情思。"④

毕然，作家。因著有被誉为"解密楼兰最新读本、体验楼兰最美读本、行走楼兰最全读本"的《楼兰密码》，终于在 21 世纪初"如愿进入到朝思暮想的楼兰古城，了解楼兰真正的痛楚和它的现状"。一位柔弱女子用镜头记录，用画笔抒情，用心灵循入楼兰秘境的一册《生死楼兰》⑤老少皆宜阅读的好书。

林帝浣《遇见·新疆》⑥，作为摄影家的作者，用他的镜头记录了自己游走新疆的经历，每幅照片又配上了诗一样语言的说明词，于是帕米尔、伊犁河、那拉提、喀什、和田，直至塔克拉玛干沙漠——立体式地呈现在读者面前。作者献辞中"穿越千年丝绸之路，揭开新疆神秘面纱，见证西域万种风情，体味大漠壮丽苍茫"的愿望实现了。

许天喜《寻找楼兰人的后裔》⑦记述了 2005 年 11 月 17 日至 11 月 21

---

① 刘沙：《有限背叛——一群都市人的罗布荒漠行》，上海人民出版社 1999 年版。

② 柴火：《魂系罗布泊》，北京出版社 1999 年版。

③ 毛毛：《边疆游记——走遍新疆》，陕西旅游出版社 1998 年版。

④ 马登杰：《诗心漫步走故园》，中国旅游出版社 2004 年版。

⑤ 毕然：《生死楼兰》，中国对外翻译出版有限公司 2014 年版。

⑥ 林帝浣：《遇见·新疆》，九州出版社 2014 年版。

⑦ 许天喜：《寻找楼兰人的后裔》，中国文联出版社 2008 年版。

日考察鄯善县从迪坎尔到楼兰一线，寻找楼兰人后裔的探寻之旅。

黑明是国家一级摄影师，工作在文化部中国艺术研究院，《探秘克里雅人》是他深入于田县达里雅布依乡，寻访生活在此的克里雅人的实录。作者在题为"永远不会忘记"的后记中说："这本历经半年时间调查、撰写完成的'调查报告'不仅记录了塔克拉玛干的一段历史，也展现了克里雅人的生活现状，并且呈现了我在'死亡之海'的一段特殊经历。"①

罗沛编著《沙漠绿洲克里雅人》②是一本记述克里雅人历史、社会、文化、风习民情的图文并茂的精美小书。

有关罗布泊探险考察实录还有：李希光、包丽敏主编《清华女孩罗布泊探险记》，记述了 2000 年暑期清华大学 2 个女学生跟随他们老师走向"死亡之海"——罗布泊，寻觅传说中神秘楼兰古城。张明亮、王汉冰编著《走入罗布淖尔》③，作者均是工作在新疆尉犁县的文化人，本书既有罗布泊的历史追述，也有作者在罗布泊的寻访传奇。周凤彩《罗布泊探险旅游日记》④，作者是一位退休警官，新闻工作者，本书收录了作者第一次（1997 年 10 月 1 日至 11 月 20 日），第二次（2002 年 5 月 1 日至 5 月 6 日），第三次（2003 年 1 月 31 日至 2 月 6 日），第四次（2003 年 7 月 3 日至 7 月 12 日），第五次（2004 年 5 月 1 日至 5 月 10 日）穿越罗布泊日记。

五 中国行者群体的新疆探险考察

中国边疆蕴藏着丰富的自然、人文资源，吸引着一代又一代中外人士来探险考察。当时光流入 20 世纪下半叶，由于国力昌盛、社会稳定，对边疆的探险考察日渐成为一种时尚。在众多的边疆考察者中有两类人士，一类可称为文化考察，大批从事边疆研究、民族研究的历史学家、考古学家、民族学家、人类学家、社会学家、地理学家、记者、作家，以及其他文化人群体，他们所撰写的新疆考察实录，前文已有记述。

---

① 黑明：《探秘克里雅人》，中国摄影出版社 2014 年版，第 291 页。
② 罗沛编著：《沙漠绿洲克里雅人》，新疆人民出版社 2006 年版。
③ 张明亮、王汉冰编著：《走入罗布淖尔》，新疆人民出版社 2005 年版。
④ 周凤彩：《罗布泊探险旅游日记》，南方出版社 2004 年版。

另一类可誉为行者或漂泊者的仁人志士群体。他们在徒步走进祖国山山水水的征程中，表现出一种不畏任何艰难险阻，勇于向严酷自然和生命极限挑战的大无畏精神，选择的是肉体的苦难，获取的是心灵的自由。他们中有中华壮士行、最后长卧罗布荒漠的余纯顺，有自称是一群"疯子"，坚持孤身步行四方的曾哲、曹华波、孙心圣、尚昌平、刘雨田……只要世界上有路，就有上路的。有天职在，就有听从召唤的。有死神在，就有敢去赴约的。正是抱着这样的信念，他们走上了奇特的边疆考察之路。我们姑且将这一类考察称之为漂泊探险，或称之为"行者无疆"。可喜的是这一行者群体已留下不少或自述或他人记述的行者记录，1997 年长春出版社出版的"漂泊者之旅"丛书是由行者撰写的探险实录汇集，共收录了如下五册：曾哲《西路无碑》、曹华波《走进墨脱》、孙心圣《十年旅痕》、尚昌平《荒原有爱》、范春歌《独守苍茫》。

现试对行者群体和他们所撰的新疆探险考察实录试做综述。

（一）四种有关当代行者群体新疆探险经历的综述之作

郑石平编著《中国的探险家》①，刘东平等《天涯路——当代中国探险旅行家纪实》②，肖海曦编著《险境秘辛——当代中国探险寻秘》③，西北平原《西域探险故事》④ 是我读到四种有关当代中国行者探险经历的综述之作。共涉及已为人熟知和尚不为人知的探险家和探险家团队有（以四本书所述先后为序）：傅庆胜、傅宗科、楼兰亭、刘雨田、罗开富、府天宫、尧茂书、王殿明、宋元清、徐力群、宋小南、于涓涓、余纯顺、严江征、孙振华、赵以雄、耿玉昆、刘华、巴荒、刘欢、唐锡阳、马霞、王琦、赵子允、尹小星、李学亮、袁国映、杨春风、李刚、崔迪、克德尔汉·哈巴什等。他们的足迹遍及雪域险峰、长江源头、死亡之海、昆仑峰巅、谜雾神农、莽林边缘、千坑万洞……

四本书的作者将上述人物和团队均誉称为中国探险家，这一称号我以为他们是受之无愧的。探险是一种在自然环境中进行的、以发现为目的

---

① 郑石平编著：《中国的探险家》，上海科技教育出版社 1998 年版。
② 刘东平等：《天涯路——当代中国探险旅行家纪实》，当代中国出版社 1998 年版。
③ 肖海曦编著：《险境秘辛——当代中国探险寻秘》，解放军文艺出版社 1999 年版。
④ 西北平原：《西域探险故事》，新疆美术摄影出版社、新疆电子音像出版社 2008 年版。

的，同时又带有一定风险的活动，也就是说探险者要身临险境去迎接大自然严峻的考验，同时也有责任将他在险境中的发现与感受告知社会公众，使之成为社会共同的精神财富。

新中国成立以来，我国的探险事业获得了许多重大成就。如 1960 年 5 月，中国登山运动员第一次从北坡登上了世界最高峰——珠穆朗玛峰；从 1973 年开始，中国科学院对世界屋脊——青藏高原进行了长达十余年之久的大规模多学科的综合科学考察，特别是 20 世纪 80 年代以来，我国民间的探险活动也日趋活跃。在高山、江河、丛林、沙漠，一支支探险队，一个个探险者纵横驰骋，各种探险活动正在不同的地域，特别在中国的边疆地区，以多样化的形式蓬勃开展。而且有越来越多的探险者将他们的探险活动同生态平衡、环境保护事业自觉联系在一起，并开始从哲理的高度来感悟人生，从而将中国的探险事业推向一个更高的台阶。①

（二）余纯顺诸君的行者自述已成了中国边疆考察史研究一份独特的文化积累

余纯顺，1988 年 7 月开始坚持"孤身徒步走访全中国"，1996 年 6 月魂断罗布荒漠。生前编定了《余纯顺风雨八年日记汇选》和《余纯顺孤身徒步走西藏》，1996 年 12 月由上海文艺出版社出版，两本书近 60 万字。同年 10 月华东师范大学出版社出版了由赵丽宏题诗的余纯顺摄影集《挑战罗布泊：余纯顺徒步中国纪实摄影》，为他的"壮士中华行"画上了一个悲壮的句号。正如赵丽宏为《挑战罗布泊：余纯顺徒步中国纪实摄影》一书所撰题为"永恒的足音"序文所说："在二十世纪行将结束之时，人类正陶醉在现代科技所带来的物质丰裕和生活便捷之中。而余纯顺，却用一种最原始的方式——走路，弘扬着一种不应该退化的精神，这种精神就是勇敢和进取，就是诚实，就是对理想的不屈不挠的追求。他用惊人的行动向世界证明：人，依然是地球上最坚强的生命。他也在用坚忍的脚步告诫，提醒人类：不要沉溺在现代文明的温床里，丧失了刚健的毅力和勇气，丧失了命运挑战的激情！"

在行者群体中留下文字记录，对自己探险经历进行第一人称记述的，依我所见还有：

---

① 参阅郑石平编著《中国的探险家》，上海科技教育出版社 1998 年版，序言。

阿坚《流浪新疆》①，作者酷爱探险，多年来以旅行与写作为业。本书第一部分是作者 1998 年环行新疆纪实；第二部分题为"关于西域的叙与议"，内容既有 1986 年作者骑车至新疆的逸事、叶城至西藏阿里地区狮泉河的新藏公路纪实，也有作者对新疆历史、文化、民风的观察与思考。

白李主编《生命罗布泊——大漠孤骑王龙祥》②。王龙祥，著名车手，上海籍探险家。2000 年 6 月参加中国西部摩托车万里行，途经陕西、甘肃、青海、新疆、西藏等省、自治区，穿越青海和甘肃的大戈壁、西藏阿里无人区，从沙漠公路穿越塔克拉玛干沙漠，探险历时 58 天，总行程 12000 公里。2000 年 12 月 27 日至 2001 年元旦，单骑摩托两次成功穿越"死亡之海"塔克拉玛干沙漠，创造了新世纪"第一人、第一车、第一次"成功穿越塔克拉玛干大沙漠的吉尼斯世界纪录。2002 年 2 月 17 日至 2 月 25 日，从库尔勒出发，用 9 天时间单骑摩托经 34 团、老开屏、龙城雅丹、余纯顺遇难地、罗布泊湖心、罗布泊南岸、彭加木失踪地、三垅沙雅丹、玉门关，返抵甘肃敦煌。本书即是这次活动的实录。

陈达达《一个人的西域》③，该书的作者简介这样写："一个好奇心重的人，一个非专业的文字工作者。热爱旅行，并喜欢深度发现的人。80 年代，在理工科学院求学过程中，被李泽厚先生的《美的历程》启发，从此踏上了探寻美的征程，并一发而不可收。"本书是作者 2011 年 9 月始，由青海越阿尔金山、踏库姆塔格沙漠进入新疆，沿塔克拉玛干沙漠南缘一路西行，经若羌、且末、民丰、和田、喀什，沿 314 国道直抵海拔 4733 米的红其拉甫边防哨所和国门。作者的心声是：

> 我热爱一个人旅行，前行在陌生的土地上，独自迎接各种挑战。我穿越雪域、高原、冰山峡谷、湍急的河流、生长着沉默胡杨的绝望沙漠、生活着呆滞骆驼的危险沼泽。然后，突然间，笨重的大鸟响亮地拍打着翅膀，怪叫着飞起来。
>
> 我几乎从未停止过用脚步来丈量我们生活的这片土地，体力上的

---

① 阿坚：《流浪新疆》，中国文联出版社 2000 年版。
② 白李主编：《生命罗布泊——大漠孤骑王龙祥》，上海教育出版社 2002 年版。
③ 陈达达：《一个人的西域》，中信出版社 2013 年版。

疲劳随着年龄的增长如期而至，而天真的热情却丝毫不减，但愿一个人的旅行让我们的生命不再苍白。

雷殿生《十年徒走中国》和《31 天穿越罗布泊》①，一位坚持徒步行走边地探险家的心声纪录。十年准备（1989—1998 年），十年徒步（1998 年 10 月至 2008 年 11 月），作者徒步行走最南至海南省的西沙群岛，最北到中俄边境黑龙江省漠河县北极村，最东到黑龙江省抚远县乌苏镇，最西到新疆维吾尔自治区乌恰县境内的伊尔克什坦，走过川藏、滇藏、青藏、中尼、新藏及唐蕃古道（214 国道）六条进藏路线，历时一年走遍青藏高原，又历时一年走完新疆。总行程 81000 余公里，相当于绕赤道 2 圈，是世界上连续徒步距离最远的人。

（三）尚昌平：从行者到学人

在当代中国的行者群体中，尚昌平是很奇特的一员，之所以称为奇特：一是，一位文文静静的小女子，舍家弃业，跻身在徒步走遍祖国山山水水的行列中，表现出不畏任何艰难险阻，勇于同严酷自然和生命极限挑战的壮士气概；二是，她不仅勤于行还善于思，并用优美的散文笔触写下了一本又一本于人以心灵震撼且充满文化内涵的探险实录，完成了由行者到学人的华丽转身。

1997 年一个偶然的机遇读到昌平的处女作《荒原有爱》，"我从远方来，来到了洪荒之野。荒原有爱，洗去了我的孤独和尘土。黑夜一无所有，为何给我安慰？我到远方去，遥远的路程经过这里，我的长发填满周围的黑暗和寂静，远在远方的荒原离我有多远？请你告诉我！"这段作者以"漂泊者的话"为题的自述给我留下了极深的印象。不过此时我尚是只读其书，而未识其人。

1999 年 4 月 14 日在北京，我参加席殊书屋组织的"中国西部探险丛书"出版座谈会，从出席者的名单上尚昌平大名列于其中。经主持人指点，我看到了坐在会场一角，穿着朴素、文文静静，像个平常大学生的尚昌平。坦率言，轰轰烈烈与文文静静，面对眼前的尚昌平，我实在难以找

---

① 雷殿生：《十年徒走中国》《31 天穿越罗布泊》，两书均由中国地图出版社 2012、2013 年出版。

到一个合理的结合点和平衡点。只能用一个难得的奇才来自圆这一矛盾的印象。

时流又过去 4 年有余，2003 年 7 月初我突然接到昌平的电话，要相赠她的新著。几天后，一册散发着油墨清香；署有昌平独特签名的《西出阳关》① 到了我的案头。读后的感受简言之是：当刮目相看，还有刮目相看后的惊喜！为此，我写了一篇小文《她走在理想之途——〈西出阳关——我和新疆的七次约会〉读后》②。

下面我想引述拙文的部分文字：

刮目相看的感受从何而生？昌平不满足于行程中的浮光掠影的记述，而是在行万里路的同时，坚持读万卷书，终于为读者奉献了自己行中思、思中行的续集。她的执着、她的勤奋、她的思考，确乎让我刮目相看。

刮目相看后又何以让我惊喜呢？

惊喜之一，从感性而言是她与我边疆考察足迹的重合。昌平的 7 次新疆之行，所到之处，除楼兰遗址我与之失之交臂而无缘踏勘外，塔克拉玛干沙漠周缘昌平所历诸地我都不止一次到过。当然，要自愧不如是，昌平是以步为主的踏勘，我则是以轮代步的"走马观花"。两者艰辛的差异不可同日而语，给个人的印象、体验，并由此引发内心的震撼，也是差之万千。但毕竟我们属于在同一条路上合格的不合格的"行者"！

惊喜之二，从理性而言是昌平对"漂泊探险""独行考察"文化内涵的感悟和思考给我留下了极深的印象。

思考所迸发出的思想的火花，我称之为行者哲学的思考。在这里，行者的昌平，将自定位于"文化的边缘人"，其实，她的实践、她的思考早已跨越了"边缘"，而成为实实在在的文化人！

昌平是一位将漂泊探险注入文化考察内涵的成功的实践者。

《西出阳关》不同于其他漂泊探险诸君的作品，是书的内容充满了文化内涵的沉积。

昭怙厘寺、克孜尔千佛洞、艾尔孜提清真寺、楼兰遗址、罗布泊变迁

---

① 尚昌平：《西出阳关》，上海人民出版社 2003 年版。
② 该文后作为尚昌平新著《走读新疆》的代序，刊发时题为《她走在理想之途》，四川民族出版社 2006 年版。

的历史和考古，在昌平笔下如涓涓细水，在读者眼前缓缓流淌，充满着学术的内涵和文化的沉积，出自非专业研究者笔下，让人折服。

而对烽燧演变，楼兰历史，特别是在《古道怨咏》一题中对消失在西域和亲路上女性：细君、解忧，还有并非走在西域古道的王昭君足迹的追寻，人们似乎听到了当年史学大家翦伯赞《内蒙访古》的遗韵。

历史上的和亲，是具有中国特色的古代中国边疆政策的重要内容。对此，我在《公元650年至820年的唐蕃关系》（载《边疆与民族——历史断面研考》，黑龙江教育出版社1993年版）一文中有一段感而慨之的议论：

> 唐蕃和亲，特别文成公主和亲吐蕃成为千世传诵的佳话，近几十年为史家所颂扬，文坛所讴歌，无疑是必要的，但超越真理即为谬误，应客观地评述唐蕃和亲在双方关系发展全局中的实际地位，文成公主在青藏高原传播文化、播种友谊，为汉藏人民崇敬，但文成公主却不能逆转松赞干布逝世后唐蕃关系恶化的潮流，同样，金城公主也充其量在一些具体问题上缓解唐蕃矛盾，作用是有限的。至于她们个人命运的悲剧色彩，以及封建社会中政治婚姻对人性的摧残，更是我们应予以同情和鞭挞的。

我的这番发自20世纪80年代的议论，在历史上民族关系友好是主流的一片颂扬声中显得有些另类。让人高兴的是我的议论在昌平的书中得到了回响。

《西出阳关》文化内涵的沉积还表现在，昌平笔下记录了维吾尔人淳朴的民风和独特的风情。她在喀什亲历100个微笑的体味，她对生活在塔克拉玛干沙漠边缘阿米娜一家的记述，她在最后的村落中对底坎尔人心声的记录……都应该成为民族学家、社会学家、人类学家难得的、鲜活的资料，而受到重视。

《西出阳关》另一个给我留下深刻印象的是其散文之美的回味。

我以为散文之美不在于辞藻的华丽，而在于作者心灵呼喊在读者中引发的震撼力。这种震撼力给人以沉思，以回味！

也许是生活经历的某种类同和行者路程的重合，昌平对一些精神和物质的独特感受，于我不仅是回味，更是共鸣。

我归之有二：

一是，孤独。身处沙漠戈壁中的孤独，孤独的极致是恐惧。

昌平如是说："我没法说清那样一种恐惧。人要真正站在那里才知道。在那里，没有一点点生命的迹象，没有飞鸟，小虫，植物，水。这些东西在沙漠里总还找得到。我在夜间行走，如果听到狼嗥，心里我会感到有一丝安慰，因为知道有活的生命与我同在。那里只有天空，雅丹台地，自己唯一听到的声音就是自己的心跳，非常响，像要从胸腔里跳出来。那里没有时间的感觉，完全丧失时间感。人要是走出十米以外，就会走丢。这种恐惧让人发疯。那地方不能久留。"这段文字喊醒了1999年我在新疆古尔班通古特沙漠五彩湾一段亲身经历的回忆：极目所至除了灼人的阳光照射下的戈壁大地，寂静笼罩一切，唯一听到的声音是自己的心脏跳动，即使纵声高喊，也得不到半点回响。这种孤独，这种由孤独而引发的恐惧，是莫名的，可却是极其强烈的。虽然明知在4千米周缘有同伴在，有车队在，他们正拎着水向我走来，也难以摆脱由孤独产生恐惧的强烈冲击。

我钦佩时时被这种恐惧笼罩着的戈壁中的独行者。他（她）们是真正的精神上的强者。

二是，幸福。什么是幸福，100个人有100种的理解，100种的追求。在社会多元化的今天更是如此。行者昌平理解并追求的幸福是什么？"我很幸福。我一直认为自己很幸福，想去的地方我就去，想做的事情我就去做。"真是朴实无华的坦言。是的，能做自己想做的事，这是幸福。如果自己想做的事做成了，并证明于社会是有益，得到了社会的承认。那是幸福的升华！

我是这么想的，也是这么感受的。

成功的边疆考察行纪，诸如外国的斯文·赫定、斯坦因、马达汉等，国内如收入"中国边疆探察丛书"诸君的作品，空间和时间的清晰均是突出特点。遗憾的是，本书结构安排上时间的因素却是不清晰的，人们费了很大劲，大体可知，作者的七次新疆约会是在1996—2002年实现的。看来罗布泊、楼兰遗址还走了不止一次。但到底是几次，又是如何进入的，合上书后还是一头雾水。

我想《西出阳光》结构上能更多考虑的时间的顺序，读者思绪与作者的步伐将会有更和谐的统一。

总之，《西出阳关》将以它文化内涵的沉积和散文之美的回味成为当代边疆考察著作中一部颇有特色的作品而在世！

自此之后，厚积薄发的昌平，在继续行走边疆同时笔耕不息，新作品一本又一本闻世，这里有 2006 年出版的《走读新疆》（四川民族出版社）和《沿河而居》（山东画报出版社），2007 年出版的《刀郎》（山东画报出版社），2008 年、2009 年、2010 年中华书局分别出版了《玉出昆仑》《风展如画》和《天赋泰宁》，2011 年新疆青少年出版社出版了《南疆》。

"在漫长的路上，她不满足于视野中历史的背影和侧面，她期望看到是历史的正面，这是一种解读历史的方法"，于是有了《走读新疆》这么一本书；

沿克里雅河深入塔克拉玛干沙漠腹心，造访达里雅博依人，于是有了《沿河而居》这么一本书；

昌平一次又一次走进塔里木盆地西缘麦盖提县刀郎人聚居的村落，探访一个个升华的心灵，于是有了《刀郎》这么一本书；

春去秋来，十余年间，从东迤逦向西，陆续行走在中国境内最大的山脉——昆仑山，漫步于历史悠久的古城于田县城，考察群玉之山和古代玉石之路，并以辨玉、琢玉、赏玉、礼玉，诸子论玉为题探究了玉文化精深内涵和今生来世，于是有了《玉山昆仑》这么一本书；

深入南倚昆仑山，北接塔克拉玛干沙漠南缘，以维吾尔族为主的多民族聚居地策勒县。考其历史之悠远、探其汇聚于此之佛教遗址、思其生态环境保护之业绩、述其民俗民风之艳丽多彩，于是有了《风展如画》这么一本书；

《南疆》则是作者行走南疆，综合考察昆仑、楼兰、罗布泊、克里雅、烽燧、喀什老城，以及诸多佛教石窟、寺庙和遗址后的哲理性思考。

而《天赋泰宁》是昌平对地处闽西北武夷山脉中段泰宁自然景观和人文地理的全景式描述。

综观上述作品，可归之为有如下特点：

其一，作者的知识积累、写作技巧、哲理思考由雅致走向成熟，呈现明显与时俱进的态势，作为学人已具备了历史学、考古学、民族学、民俗学、人类学、社会学、生态学等学科的相当丰厚的知识积累；

其二，每本书均配置了大量自摄的精美照片，显现了作为摄影家作者的精湛水准，"让瞬间定格为永远"，为作品增添了异彩。

总之，昌平的边疆之路仍要走，昌平的作品还将不断面世，我们期望昌平由行者到学人的华丽转身得以升华，成为一位名副其实的人文地理的专门家。

我们有理由期待着！

六　外国探险家新疆探险考察的档案文献资料整理与研究

（一）外国探险家新疆探险考察档案资料整理与翻译

21 世纪以来，中国新疆维吾尔自治区档案馆和日本佛教大学尼雅遗址学术研究机构合作，由许新红担任主编，已出版三本专题档案汇集。

一是，《近代外国探险家新疆考古档案史料》①，本集收录了新疆维吾尔自治区档案馆馆藏历史档案 467 件，真实记录了自 1893 年至 1931 年，俄国人罗布罗夫斯基、鄂登堡，英国人斯坦因，法国人伯希和，德国人格林威尔德、勒柯克，瑞典人斯文·赫定，日本人大谷光瑞、橘瑞超，美国人亨廷顿，芬兰人曼纳林（马达汉）等著名外国探险家及其考察队在新疆考古和考察活动的概貌。本集所收档案均系首次公布，档案集中反映了当时中国政府和新疆地方政府对外国人来新疆进行探险考古的态度、对策，以及外国探险家一些鲜为人知的探险活动，弥为珍贵。

二是，《中瑞西北科学考察档案史料》②，本书收录档案 318 件，绝大部分为新疆维吾尔自治区档案馆馆藏，少部分为中国第二历史档案馆馆藏，这些史料反映了 1927—1934 年，中瑞西北科学考察团在中国西北（主要在新疆）进行历史、考古、人类、民俗、地质、地磁、气象等内容科学考察活动的基本情况。同时还包括了中国学者 1933 年 10 月至 1935

---

① 中国新疆维吾尔自治区档案馆、日本佛教大学尼雅遗址学术研究机构编：《近代外国探险家新疆考古档案史料》，新疆美术摄影出版社 2001 年版。

② 中国新疆维吾尔自治区档案馆、日本佛教大学尼雅遗址学术研究机构编：《中瑞西北科学考察档案史料》，新疆美术摄影出版社 2006 年版。

年 4 月受中央政府铁道部委托，由北京启程赴内蒙古、新疆等地考察修建一条横贯中国大陆交通动脉可行性的汽车旅行考察的档案史料。

三是，《斯坦因第四次新疆探险档案史料》①，本书收录 108 件 1930 年 5 月至 1932 年 9 月有关斯坦因第四次新疆之行的档案史料，其中 82 件为新疆维吾尔自治区档案馆馆藏，26 件为其他档案馆馆藏。斯坦因于 1900—1901、1906—1908、1913—1915 年在新疆进行探险和考古，盗掘和非法携带大量文物出境。1929 年，斯坦因在美国哈佛大学和英国博物馆襄助下，组织赴新探险考古，于 1930 年 9 月由印度进入新疆喀什。谁料，此时的中国政治局势发生了显著变化，由于受到中央研究院、古物保管委员会、中国学术团体协会等机构及各界有识之士的抗议，国民政府最终决定撤销斯坦因的护照，责令行政院将其驱逐出境。1931 年 2 月，斯坦因被迫停止在新疆于阗、若羌一带的盗掘古物活动，经库尔勒返回喀什，并于同年 5 月底由蒲犁（今塔什库尔干塔吉克自治县）边卡出境。所有通过不正当手段获得的古物均暂存于当时英国驻喀什领事馆内，后经新疆省政府交涉，移交至北平古物保管委员会。斯坦因离境前将这批古物拍摄成照片，带回英属印度。这些照片及改进玻璃底版现存于大英国家图书馆东方与印度收藏品部。斯坦因对第四次新疆考古探险活动的流产始终讳莫如深，从未在公开场合及其著述中提及。本集为揭示这段鲜为人知的历史提供了可贵的原始档案。

（二）中外学者和探险家考察日记和日记体裁文稿的整理和翻译

徐炳昶（1888—1976），字旭生，中国历史学家，考古学家，曾任北京大学教务长，北平研究院代副院长。1927 年中瑞西北科学考察团成立，徐炳昶与斯文·赫定共任团长。著有《西游日记》1930 年初版。2000 年 6 月，宁夏人民出版社以"走进大西北丛书"之一种出版整理本，书名为《徐旭生西游日记》；2002 年 1 月，甘肃人民出版社以"西北行纪丛萃"之一种出版范三畏的点校本，书名为《西游日记》。

黄文弼（1893—1969），考古学家，中国科学院考古研究所研究员，曾任中瑞西北科学考察团专任研究员，随团到内蒙古、新疆考察，《黄文弼蒙新考察日记（1927—1930）》为黄文弼遗著，黄烈整理，文物出版社

---

① 中国新疆维吾尔自治区档案馆、日本佛教大学尼雅遗址学术研究机构编：《斯坦因第四次新疆探险档案史料》，新疆美术摄影出版社 2007 年版。

1990 年出版。考察日记记事起于 1937 年 5 月 9 日，即从北京出发的前一天，迄于 1930 年 9 月 5 日，即绕道西伯利亚回到满洲里的第二天。在三年零四个月的考察期中，除了 1929 年至 1930 年之交约有 3 个月系在迪化休整，没有记日记，其他时间的日记均连贯下来了，是相当完整的一部记录。这部考察日记，不仅是一部难得的中瑞西北科学考察团成员的现场实录，而且经过半个多世纪时流的洗刷，"不仅社会的变迁翻天覆地，而地理上的变迁也十分巨大，特别是沙漠地带河流湖泊的移徙消失，道路的改变，废墟遗址的湮没，文物艺术的毁坏，沧桑之变用在这里毫不夸张。我们从这一份 60 年前的记录中可以找到许多已经消失了的痕迹"。①

沃尔克·贝格曼，瑞典人，1927 年，24 岁的他成为中瑞西北科学考察团一员，从始至终参与了中国西北最大规模的多国、多学科的科学考察。1935 年回国后埋头于整理自己的考古发现。1946 年因病去世，享年只有 43 岁！他留下了两本著作，一本是学术专著《新疆考古记》②，另一本是以日记体裁撰写的通俗探险纪实《考古探险手记》。本书内容分两部分，一部分是作者在内蒙古的考古探险，这以居延汉简的发现为核心；另一部分是作者在新疆塔里木东端和阿尔金山、昆仑山的考古探险，这以发现"小河古墓"为高潮。杨镰在为本书所撰题为《西部探险者的视野》代序中说："读其中许多感人至深的段落，就如同在观看一部成功的电视纪录片，不但领略了作者所见的风光物态，而且也随着作者的喜怒哀乐在激动、在失望、在回忆、在思考。"③

马达汉，又译作曼纳林、曼涅海姆，芬兰探险家，1906—1908 年马达汉骑马从中亚进入我国新疆，他的足迹遍布了南疆和北疆，又从新疆走进河西走廊，到西北重镇兰州，然后经过陕西、河南、山西、内蒙古、河北到达北京，行程 14000 公里。由王家骥翻译，阿拉腾奥其尔校订《马达汉西域考察日记（1906—1908）》（原书书名为《马达汉穿越亚洲之行——

---

① 黄文弼遗著，黄烈整理：《黄文弼蒙新考察日记（1927—1930）》，文物出版社 1990 年版，序言，第 4 页。

② ［瑞典］沃尔克·贝格曼：《新疆考古记》，本书是 2013 年版"西域探险考察大系"三十种选题之一。

③ ［瑞典］沃尔克·贝格曼：《考古探险手记》，新疆人民出版社 2000 年版，代序，第 8 页。本篇也收入 2013 年版"西域探险考察大系"选题之一《横渡戈壁沙漠》之中。

从里海到北京的旅行日记》）即是马达汉的考察日记。诚如译者王家骥所言："马达汉的旅行日记内容极为丰富，他把沿途所见和调查所得详细地写在日记中，内容包括沿途地形地貌特征、河流水系分布、动植物资源、城镇居民点位置、历史沿革及交通、商业、文教、军事、经济情况等，特别是对地方官吏、军队、少数民族、寺院古迹、风土人情和各种见闻作了生动描述。马达汉日记虽属旅行随笔性质，但文笔流畅、生动活泼，读起来有如行云流水、兴味盎然，实在是一部不可多得的力作。"①

与《马达汉西域考察日记（1906—1908）》相关的还有《1906—1908年马达汉西域考察图片集》和《百年前走进中国西部的芬兰探险家自述——马达汉新疆考察纪行》。前者共收录了87幅照片，是从马达汉中国之行时所拍摄的上千幅照片中精选的。正如马大正在为本书写的序言中所言："将历史定格于瞬间的老照片的独特魅力，让我痴迷，心灵为之震撼。"② 后者则是马达汉晚年所撰《回忆录》第二章"骑马跨越亚洲之行"③ 的汉译本，内容生动，文字简洁，极具可读性，是读者了解马达汉1906年至1908年中国之行的入门读物。这两部书连同马达汉日记都将成为难得的史料而存世。

橘瑞超和野村荣三郎都是日本大谷探险队的队员，1902—1914年，日本京都西本愿寺第22代法主大谷光瑞（1876—1948）组织了三次以新疆为中心的中亚探险考察。第一次是1902—1905年，第二次是1908—1909年，第三次是1910—1914年。承担大谷探险队三次探险任务的共有五人：第一次是渡边哲信（1874—1957）和堀贤雄（1880—1949），第二次是橘瑞超（1890—1968）和野村荣三郎（1880—1936），第三次是橘瑞超和吉川小一郎（1885—1978）。《橘瑞超西行记》记录了他以日记体裁撰写的西部考察实录：《中亚探险》《新疆探险记》，以及橘瑞超新疆通信摘抄。④ 野村荣三郎

---

① 参阅［芬兰］马达汉《马达汉西域考察日记（1906—1908）》，中国民族摄影艺术出版社2004年版，代序言，第4—5页。

② ［芬兰］马达汉：《1906—1908年马达汉考察图片集》，王家骥译，山东画报出版社2000年版，第2页。该书还有一种杨恕译本，书名为《曼涅海姆1906—1908年亚洲之旅摄影集》，兰州大学出版社2003年版。

③ ［芬兰］马达汉：《回忆录》，新疆人民出版社2009年版。

④ ［日］橘瑞超：《橘瑞超西行记》，柳洪亮译，新疆人民出版社2010年版，本书是2013年版"西域考察大系"三十种选题之一。本书收录的《中亚探险》，有新疆人民出版社1993年本。

著有《蒙古新疆旅行日记》①。大谷探险队其他成员渡边哲信著有《西域旅行日记》、吉川小一郎著有《支那纪行》，大谷光瑞等著，章莹译《丝路探险记》一书中收录了大谷光瑞《帕米尔纪行》，渡边哲信《在中亚古道上》《克孜尔踏查记》，吉川小一郎《敦煌见闻》《天山纪行》，堀贤雄《塔里木之行》，诸篇。

日野强（1866—1920）供职于日本参谋本部，受军部派遣，于1906年9月至1907年12月赴中国考察，行程历时一年四个月，如不包括最后归途从印度加尔各答登船后那段海路，陆路行程10392英里，其中在新疆境内停留了9个月。回国后撰写了《伊犁纪行》②，1909年（日本明治四十二年）5月由东京博文馆付梓刊行。全书上下两卷，上卷为"日志"，也就是日野强的旅行日记，下卷为"地志"，是他根据各方面史料汇编的有关新疆各地历史、地理、风土人情的记载。本书是了解20世纪初叶的新疆，以及同时代日本人的新疆探险史时不可缺少的基本文献。

艾尔特·特林克勒，德国考古学家，1927—1928年曾到新疆进行考古探险，1930年出版了一本通俗的考古探险纪实《未完成的探险》③，1931年4月19日死于一次车祸。1932年他的一部学术遗作《中亚西部及喀喇昆仑——喜马拉雅地理考察》在柏林出版。

王冀青著《斯坦因第四次中国考古日记考释》④ 全文刊布现藏于英国牛津大学包德利图书馆的斯坦因第四次中亚考察日记，并据日记手写原稿进行了汉译和考释。斯坦因第四次中亚考察日记始于1930年8月11日，结束于1931年7月2日，这部日记是研究者得以能"站在当事人的角度了解这次考察进程的唯一依据"，因此，"在中亚考察史和中国西北考古史研究方面具有不可替代的史料价值"。

---

① ［日］野村荣三郎：《蒙古新疆旅行日记》，董炳月译，新疆人民出版社2013年版，本书是2013年版"西域探险考察大系"三十种选题之一。该日记1908年8月18日至12月8日部分的节译，曾刊载于章译《丝路探险记》（新疆人民出版社1998年版）中。

② ［日］日野强：《伊犁纪行》，华立译，黑龙江教育出版社2006年版。

③ ［德］艾尔特·特林克勒：《未完成的探险》，赵凤朝译，新疆人民出版社2000年版，本书是2013年版"西域探险考察大系"三十种选题之一。

④ 王冀青：《斯坦因第四次中国考古日记考释》，甘肃教育出版社2004年版，前言，第10页。

（三）外国探险家所撰新疆考察实录和学术著作的翻译出版

1. 斯文·赫定（1865—1952）

瑞典探险家斯文·赫定一生著述丰硕，既有艰深的学术专著，也有通俗的探险考察记述。其中最著名的当是他的自传《我的探险生涯》①（即《亚洲腹地旅行记》）。本书作为斯文·赫定前半生（从幼年到1914年）的自传，出版于1923年。1932年李述礼翻译的中文本由开明书店出版，书名为《探险生涯——亚洲腹地旅行记》，在1949年前曾一再重版，1949年后台湾又沿用旧译多次重印，前后累计重印达十余次，1980年上海书店又据开明书店原本影印出版。本书另一个译本为1933年孙仲宽所译，书名为《我的探险生涯》，作为"中国西北科学考察团丛刊"之一，由中国西北科学考察团理事会印行。这个译本1997年新疆人民出版社出版了杨镰的整理本。2002年中国青年出版社出版了李宛蓉译本，书名为《我的探险生涯——西域探险家斯文·赫定回忆录》。

斯文·赫定作为中瑞西北科学考察团团长之一的科考实践，在他一生探险考察活动中占据了一个十分重要的地位。由徐十周、王安洪、王安江翻译的《亚洲腹地探险八年（1927—1935）》②，记述了中瑞西北科学考察团长达8年的考察实践，多角度地再现了考察团中外学者的野外生活和工作，以及取得的成绩。

斯文·赫定在完成了《亚洲腹地探险八年（1927—1935）》的写作后，又连续出版了有关此行的著述，一是《马仲英逃亡记》（原名《大马的逃亡》）③，二是《游移的湖》④，三是《丝绸之路》⑤，这三部著作都是有名的丝绸之路探险史杰作，又被称为有关"战争""湖泊"与"道路"

---

① 本书是2013年版"西域探险考察大系"三十种选题之一。本书系根据孙仲宽译本，并参考了李述礼译本，由杨镰进行了整理。

② ［瑞典］斯文·赫定：《亚洲腹地探险八年（1927—1935）》，徐十周、王安洪、王安江译，新疆人民出版社1992年版。

③ ［瑞典］斯文·赫定：《马仲英逃亡记》，凌颂纯、王嘉琳译，宁夏人民出版社1987年版、2003年再版。

④ ［瑞典］斯文·赫定：《游移的湖》，江红译，新疆人民出版社2000年版，本书是2013年版"西域探险考察大系"三十种选题之一。

⑤ ［瑞典］斯文·赫定：《丝绸之路》，江红、李佩娟译，新疆人民出版社2010年版，本书是2013年版"西域探险考察大系"三十种选题之一。

的"三部曲"。三部著作都有了中译本。

有关1927—1935年中瑞西北科学考察团的活动，斯文·赫定还著有《长征记》① 和《戈壁沙漠之路》②。《长征记》还有王鸣野译本，书名改为《从紫禁城到楼兰——斯文·赫定最后一次沙漠探险》③。由许建英等译，书名为《戈壁沙漠之谜》④，也是叙述中瑞西北科学考察团在1928年和1929年的活动。译后记中说："应出版社要求，就原稿的前12章作了较大的变动，删节、压缩成8章，原书的'引言'部分，作为'附录'放至全书之后"，对原著做如此大幅度的改编，是否达到"以便使整书更为紧凑"的本意，实在不敢苟同，我认为如此"改编"是对原著的不尊重，同时译著也未写明斯文·赫定原著的书名，让人遗憾！

《穿过亚洲》⑤ 和《罗布泊探秘》⑥ 是斯文·赫定撰写的两部探险考察纪实巨著。前者完成于1898年，纪实了他于1893—1897年横贯亚洲考察四年的经历；后者出版于1905年，是作者1900—1901年在新疆罗布荒原所作探险考察的全景写实。

王鸣野译，书名为《西极探险》⑦，是斯文·赫定著《西藏探险》的中译本，记述了斯文·赫定1899年至1901年由新疆叶尔羌到藏北的探险经历。遗憾的是中译本既无序言导读，连译后记都没有。我们在文中一再提及"西域探险考察大系"每本选题均有杨镰撰写的长篇序言，大大提升了译著的学术含量，这是对学术、对作者、对读者负责任的态度。斯文·赫定探险西藏的著作不少，译成中文的还有《失踪雪域

---

① 西北科学考察团丛刊之一，铅印本。李述礼译，杨霞文、徐炳昶校。

② 收入《横渡戈壁沙漠》，本书是新疆人民出版社2013年版"西域探险考察大系"三十种选题之一。新疆人民出版社2001年以《戈壁沙漠之路》为书名出版了单行本。

③ ［瑞典］斯文·赫定：《从紫禁城到楼兰——斯文·赫定最后一次沙漠探险》，吉林出版集团有限责任公司2009年版。

④ ［瑞典］斯文·赫定：《戈壁沙漠之谜》，许建英等译，喀什维吾尔文出版社2004年版。

⑤ ［瑞典］斯文·赫定：《穿过亚洲》，王蓓译，新疆人民出版社2000年版。本书是2013年版"西域探险考察大系"三十种选题之一。本书部分内容曾以《生死大漠》为书名，2000年由新疆人民出版社出版，编译者田杉。

⑥ ［瑞典］斯文·赫定：《罗布泊探秘》王安洪、崔延虎译，新疆人民出版社1997年版。本书是2013年版"西域探险考察大系"三十种选题之一。

⑦ ［瑞典］斯文·赫定：《西极探险》，王鸣野译，新疆人民出版社2003年版。本书是"新西域文库""穿越昆仑山丛书"选题之一，但翻遍全书找不到半点对上述"文库""丛书"的相关文字，对出版社来说实在是不应该有的"疏忽"?!

750 天》①。

2. 斯坦因（1862—1943）

英国探险家、考古学家。《斯坦因考古记》② 是他多次在中国西部考古探险的纪实，也是新疆探察史名作，向达先生的译本是名译。就新疆探察史而言，斯坦因和斯文·赫定都是不能忽视的人物，就自传而言，《斯坦因西域考古记》与斯文·赫定的自传《我的探险生涯》（即《亚洲腹地旅行记》）并称为"西域探险"的"二记"。斯坦因著述颇丰，举其要者，他第一次探险（1900—1901）出版了《古代和田》③（考古报告，二卷，1907 年），《沙埋和阗废墟记》（通俗本，1904 年）④，第二次探险（1906—1908）出版了《西域考古图记》⑤（考古报告，五卷，1921年），《沙埋契丹废墟记》（通俗本，二卷，1912 年）⑥；第三次探险（1913—1915）出版了《亚洲腹地考古图记》（考古报告，四卷，1928 年）⑦；第四次夭折的探险（1931 年），此行斯坦因留下了考察日记。⑧《沿着古代中亚的道路》⑨ 是斯坦因综合他三次中亚探险与考古发掘的成果，在哈佛大学做了系列讲座，并据此而写成的通俗性著作，书中事实叙述简洁而重点突出，对于中亚历史上各种问题的解读与评述也基本得到学术界认可。全书

---

① ［瑞典］斯文·赫定：《失踪雪域 750 天》，包菁萍译，李恺整理，新疆人民出版社 2000 年版。

② ［英］斯坦因：《斯坦因西域考古记》，向达译，新疆人民出版社 2010 年版，本书是 2013 年版"西域探险考察大系"三十种选题之一。向达译本最早由中华书店于 1936 年出版，1987 年中华书局、上海书店重印，2013 年商务印书馆将本书列入"汉译世界学术名著丛书"选题出版新版印本。本书还有 2009 年由西藏出版社出版的编译本，将书名改成《斯坦因西域盗宝记》，同时从译者所撰前言中将《西域考古记》与《西域考古图记》混成同一书，译者不是行内专家。

③ ［英］斯坦因：《古代和田》，巫新华、肖小勇、方晶、孙莉译，山东人民出版社 2009 年版。

④ ［英］斯坦因：《沙埋和阗废墟记》，殷晴、剧世华、张南、殷小娟译，新疆美术摄影出版社 1994 年版。

⑤ ［英］斯坦因：《西域考古图记》，巫新华、刘文锁、肖小勇、秦立彦等译，广西师范大学出版社 1999 年版，因篇幅过巨，为便于广大读者阅读，广西师范大学出版社于 2000 年将本书做了一些技术性处理：删除了一些专业性特别强的内容，给一些难懂的专有名词加上注释，将插图进行适当调整并重新编号等，以"西域游历"为总题分六册出版：之一重返和田绿洲，之二踏勘尼雅遗址，之三路经楼兰，之四从罗布沙漠到敦煌，之五发现藏经阁，之六穿越塔克拉玛干。

⑥ ［英］斯坦因：《沙埋契丹废墟记》，巫新华、伏霄汉译，汉译本采用书名为《斯坦因中国探险手记》，四册，春风文艺出版社 2004 年版。

⑦ ［英］斯坦因：《亚洲腹地考古图记》，巫新华译，广西师范大学出版社 2004 年版。

⑧ 参阅王冀青《斯坦因第四次中国考古暨野译译本考释》，甘肃教育出版社 2004 年版。

⑨ ［英］斯坦因：《沿着古代中亚的道路》，巫新华译，广西师范大学出版社 2008 年版。

配有大量遗迹插图，遗址图、剖面图，还有一些遗物图版和调查地区的地图，以考古为核心，并基本上涵盖了前述诸多学术领域，内容十分丰富。本书是我们了解西域以及 20 世纪中国西部探险、考古情况不可多得的著作。

与斯文·赫定著作的翻译相比，斯坦因的作品这些年在中国社会科学院考古研究所巫新华博士的推动和努力下，主要作品已有了中译本。

3. 俄国探险家考察记的中文译本

谢苗诺夫《天山游记》①，1856 年至 1857 年谢苗诺夫到当时属于中国领土的伊塞克湖地区，及其附近的天山考察。作者晚年根据考察日记撰写成本书。

格尼·波塔宁著，B. B. 奥布鲁切夫编《蒙古纪行》②，波塔宁对亚洲的考察始于 1863 年（比普尔热瓦尔斯基要早），终于 1899 年，在这段时间里他进行了 8 次考察。本书收编了波塔宁 1876—1877 年和 1879—1880 年对蒙古西北部进行的第一次大规模考察，以及 1899 年赴大兴安岭做最后一次考察时写的日记，应指出本书虽定名为《蒙古纪行》，实际上波塔宁不仅讲述了蒙古，也写到了图瓦（乌梁海边疆区）、新疆和东北边疆地区。

普尔热瓦尔斯基《荒原的召唤》③ 是他 1870 年 11 月至 1873 年 10 月首次"中央亚细亚"考察的真实记录《蒙古和唐古特人之乡》翻译而成。这是一部以地理考察为主线的科学著作。普氏的另一部著作《走向罗布泊》④ 则是他 1876 年至 1878 年第二次中亚探险的纪实，这次从伊宁出发，翻越天山，后经库尔勒沿塔里木河下游进入罗布泊探险的经历。

别夫佐夫《别夫佐夫探险记》，是作者 1889—1891 年第三次中亚考察的记述。苏联科学院院士奥勃鲁切夫评价俄国的中亚考察时写道："内陆亚洲真正的科学考察，从波塔宁、普尔热瓦尔斯基和别夫佐夫的旅行开始……他们三个人共同勾画了内陆亚洲地理面貌基本轮廓……在这三位地理考察先驱当中，舍弃哪一位都是不可能的，甚至很难说出，作为亚洲探

---

① ［俄］谢苗诺夫：《天山游记》，李步月译，新疆人民出版社 1989 年版。2001 年再版。

② ［俄］格尼·波塔宁：《蒙古纪行》，吴吉康、吴立珺译，兰州大学出版社 2013 年版。本书是余太山主编"欧亚历史文化文库"选题之一。

③ ［俄］普尔热瓦尔斯基：《荒原的召唤》，王嘎、张友华译，新疆人民出版社 2000 年版。

④ ［俄］普尔热瓦尔斯基：《走向罗布泊》，黄健民译，新疆人民出版社 1999 年版。

险家，他们谁比谁做得更多，谁是第一、谁是第二、谁是第三。"①

奥勃鲁切夫《荒漠寻宝》②，1894 年和 1905 年曾两次率探险队到新疆、甘肃、青海考察。晚年写了这部通俗探险游记，书名直译是《中央亚细亚的荒漠》。这部书在"文化大革命"时期就有中译本，书名用的就是《在中央亚细亚荒漠》。本书是当年我爱读而放不下的三部书之一，其余两种是斯文·赫定《亚洲腹地旅行记》和美国著名记者威廉·夏伊勒的《第三帝国兴亡记——纳粹德国史》。

波·库·柯兹洛夫《蒙古和喀木》③ 和《蒙古、安多和死城哈喇浩特（完整版）》④。柯兹洛夫是著名的俄国中央亚细亚考察家。他曾七次深入我国西部地区，对内蒙古、新疆、甘肃、青海，以及西藏、四川等地区的自然生态、民族社会等方面进入考察，并在内蒙古额济纳旗黑城（哈喇浩特）遗址进行了大规模的考古发掘，掠走大批珍贵文物。《蒙古和喀木》记述了 1899 年柯兹洛夫第一次独立领导的考察活动，他率领考察队从恰克图进入我国，经蒙古高原深入青藏高原和四川西部，考察了科布多、阿尔泰山、中央戈壁、腾格里沙漠、河西走廊、西宁、青海湖、柴达木、昌都、长江和黄河发源地、兰州、库伦，于 1901 年从恰克图返回俄国，本书即为此次考察的纪实。《蒙古·安多和死城哈喇浩特（完整版）》是柯兹洛夫一生中最为重要的第六次考察的记述，考察活动始于 1907 年 11 月至 1909 年 7 月。这次考察对柯兹洛夫来说"最大收获"是在额济纳黑城（哈喇浩特）的考古发掘，这次发掘的文物满载了 40 峰骆驼运回了俄国，本书对此次考察做了详尽纪实。由于当时清朝的衰败，外国考察家在我国西部考察期间，大肆发掘珍贵文物，使我国西部的文物遭受了一场浩劫，

---

① 杨镰、阿拉腾奥其尔：《探索天山与昆仑的奥秘（代序）》，载佟玉泉、佟松柏译《别夫佐夫探险记》，新疆人民出版社 2013 年版，第 10 页，本书是 2013 年版"西域探险考察大系"三十种选题之一。

② ［俄］奥勃鲁切夫：《荒漠寻宝》，王沛译，新疆人民出版社 2013 年版，本书是 2013 年版"西域探险考察大系"三十种选题之一。

③ ［俄］波·库·柯兹洛夫：《蒙古和喀木》，丁激琴、韩莉、齐哲译，兰州大学出版社 2014 年版，本书是余太山主编"欧亚历史文化文库"选题之一。

④ ［俄］波·库·柯兹洛夫：《蒙古、安多和死城哈喇浩特（完整版）》，王希隆、丁淑琴译，兰州大学出版社 2002 年版。本书是余太山主编"欧亚历史文化文库"选题之一。本书还有一种陈贵星译本，书名为《死城之旅》，新疆人民出版社 2001 年版。

但考察家们留下的考察著作，对于我们了解中国的历史和当时西北地区自然环境、社会生活则是一份极其宝贵的资料。

瓦里汗诺夫是俄国著名中亚探险家，他撰写的《准噶尔概况》和《喀什噶尔》中译文刊登在魏长洪、何汉民编《外国探险家西域游记》①一书中。

4. 英国探险家考察记的中译本

阿托金逊《横跨亚洲大陆》，作者在 1848—1853 年，从乌布苏诺尔湖区（现蒙古国境内）向东，经色楞格河，再向西南方进入新疆北部，经巴里坤、天山山脉向西，经塔城向西北进入中亚城市塞米巴拉金斯克，然后南下到吉尔吉斯草原，再攀登新疆与吉尔吉斯界山——阿拉套山，北上进入西伯利亚，东进到贝加尔湖，最后抵达伊尔库茨克，结束漫长的旅途。本书即是对这次耗时七年探险生涯的纪实。"在中亚探险史中，阿托金逊占据着'先驱者'之席，他的著作在中亚文献中有着重要地位。"②

戈登《世界屋脊》③，作者是英国军人，1873—1874 年他作为英印当局派往阿古柏"哲德沙尔汗国"的福塞斯使团第二指挥官赴新疆，本书即是此次经历的实录。

杨哈斯本《帕米尔历险记》④，作者 1887 年、1889 年、1890 年三次赴帕米尔探险考察，本书是杨哈斯本 1884—1894 年的经历，是他一生中最辉煌的探险旅行的记录。

约翰·海尔《迷失的骆驼》⑤，这是一部当代英国人的中国西部考察记。作者在设于非洲肯尼亚首都内罗毕的联合国环境规划署任职。一个偶

---

① 魏长洪、何汉民编：《外国探险家西域游记》，新疆美术摄影出版社 1994 年版。

② ［英］林丽：《编者的话》，转引自［英］阿托金逊《横跨亚洲大陆》，沈青、季元中译，新疆人民出版社 2000 年版，第 3 页。

③ ［英］戈登：《世界屋脊》，成斌、王曼译，新疆人民出版社 2013 年版，本书系 2013 年版"西域探险考察大系"三十种选题之一。

④ ［英］杨哈斯本：《帕米尔历险记》，任宜勇译，新疆人民出版社 2001 年版。

⑤ ［英］约翰·海尔：《迷失的骆驼》，袁磊、李华、薛波译，新疆人民出版社 2001 年版。本书还有董晓航、刘冰的中译本，书名为《绝地野驼》，海南出版社 2000 年版。有关中国学者撰写的新疆野骆驼的考察著作，我尚未读到。有一本与野马有"亲密接触"的科学工作者张赫凡和新疆野马繁殖研究中心科考活动的作品，张赫凡：《野马：重返卡拉麦里——戈壁女孩手记》（新疆青少年出版社 2005 年版）值得一读。

然机会，1993 年他与一个蒙古——俄罗斯联合考察队一起到蒙古国戈壁荒漠，就生活在此的野骆驼的生存状况作了初步调查。从此野骆驼成了他生活最重要内容。1995 年、1996 年、1997 年他与中国同行连续三次进入罗布荒原，进行了以野骆驼生存状况为主体的探险考察，据此经历写成了此书。

5. 法国和德国探险家考察记的中译本

伯希和是法国著名汉学家，由耿昇编译的《伯希和西域探险记》① 收录了伯希和撰写的《高地亚洲 3 年探记》《中国新疆居民考察报告》《高地亚洲历史地理考察》《喀什与图木舒克考古笔记（节录）》《三仙洞水磨房探珍》《库车地区考古笔记》《大海道踏古记》《敦煌藏经洞访书记》等。本书是由耿昇、马大正主编"中国大探险丛书"选题之一，马大正在为丛书所写"前言"中指出：长期以来，有关中外各色人等撰写的探险考察实录"或因深藏国内外书库而难以觅见，或因涉及多种文种而不易为人们阅读，难以为研究者所利用，更无法进入广大读者的阅读视野，成了迫切需要利用此类图书的研究者和关心此类题材读者的遗憾。在云南人民出版社的鼎力支持下，我们推出'中国大探险丛书'正是为弥补这种缺憾，为让更多的读者利用这份历史资料创造条件"。

邦瓦洛特《勇闯无人区》②，是作者 1889 年 9 月至 1890 年 9 月考察新疆罗布泊、川藏交界处的巴塘和穿越藏、康、滇、川的纪实。邦瓦洛特的探险有自己的特色，是一种"最终想寻出一条欧洲人从未走过的路"的单纯意义上的探险。本书法文版原名为《从巴黎到东京湾》，于 1892 年在巴黎出版，译文略去书中前半部分（即从巴黎到扎尔干图）。

勒柯克《新疆地下文化宝藏》③，作者是 20 世纪初德国"吐鲁番探险队"第二、三次考察的参加者，并任第二次探险的队长。第三次探险由于身体不适，提前回国，本书是这两次探险考察的纪实。"德国吐鲁番考察队"，是德国柏林民俗学博物馆在德皇和军火大王克虏勃等人资助下，在

---

① ［法］伯希和等：《伯希和西域探险记》，耿昇编译，云南人民出版社 2001 年版。本书于 2011 年以《人民·联盟文库》第二辑书目，由人民出版社重排出版。
② ［法］邦瓦洛特：《勇闯无人区》，简明译，新疆人民出版社 2001 年版。
③ ［德］勒柯克：《新疆地下文化宝藏》，陈海涛译，新疆人民出版社 2015 年版，本书是 2013 年版"西域探险考察大系"三十种选题之一。

1902—1903 年、1904—1905 年、1906—1907 年、1913—1914 年所派出的四次新疆考古探险队，虽然名为"吐鲁番考察队"，实际发掘古物的地点是以吐鲁番盆地为中心，东到哈密，西到喀什，包含了整个丝绸之路北道的古代遗迹。勒柯克对待新疆地下文化宝藏的态度，是探险家式的，是找宝和挖宝式的，而不是严格意义的考古，他本人也是一个集探险家、学者、盗宝者于一身的人物。本书中译本，早在 1934 年就有郑宝善译本。书名为《新疆之地下宝库》（南京蒙藏委员会出版）。大约同时，向达也翻译此书，题作《勒柯克高昌考古记》，显然是想和他所译《斯坦因西域考古记》成为姐妹篇。2002 年中国青年出版社出版了刘建台中译本，作者名译为寇克，书名为《新疆地理埋宝藏记》。

《楼兰》作者赫尔曼参加了斯文·赫定从楼兰遗址所得文物的研究，《楼兰》一书即是他的研究之作。随着对楼兰遗址兴趣的加深，两个问题成了人们争论的话题：一个是，楼兰古城的发现时间究竟是 1900 年 3 月 28—29 日，还是 1901 年 3 月 3 日？换句话说，奥尔得克寻找遗失的铁锹时闯入的那个遗址是不是楼兰古城呢？另一个则是，楼兰古城是不是楼兰王国的首都？它在历史上的地位如何？对此，《楼兰》一书中已明确说，"奥尔得克发现木雕的地点，距离楼兰古城直线距离有 14 英里；楼兰古城不是楼兰人建立的都市，而是一个特点鲜明的'中国屯戍军区'所在地"，而此项研究是"受赫定直接委托进行的，其成果是经赫定认可的"。"关于上述这些争论，最有发言权的当然是赫定。赫定不是考古学家，他的成就在于发现，但发现者第一印象（第一目击）的重要性自不待言"。[1] 本书的译者和译稿也有一段让人寻味的奇特经历，译者姚可崑是中国著名学者、诗人冯至的夫人，20 世纪 30 年代译者应人之约将《楼兰》德文版译成中文，但再无下文。据杨镰自述："在冯伯母的追悼会，冯至伯伯的长女冯姚平告诉我，她在母亲的遗物之中发现了一部不完全的《楼兰》译稿……经过大家努力，特别是高中甫先生将冯伯母未完成的部分翻译完成，楼兰发现史与研究史上的第一部专著终于呈现在读者面前。"[2]

---

① 杨镰：《世纪话题——楼兰》，新疆人民出版社 2015 年版，第 5 页。本书是 2013 年版"西域探险考察大系"三十种选题之一。［德］阿尔伯特·赫尔曼等：《楼兰》，姚可崑、高中甫译，新疆人民出版社 2006 年版。

② 杨镰：《世纪话题——楼兰》，新疆人民出版社 2015 年版，第 6 页。

布鲁诺·鲍曼《没有归途的沙漠之旅》① 是作者 1989 年作为第一个欧洲人徒步穿越塔克拉玛干沙漠，深入考察喜马拉雅山的纪实。

6. 瑞典、丹麦探险家考察记的中译本

安博特《驼队》，作者是中瑞西北科学考察团瑞典籍队员，天文学家，本书是他的探险考察回忆录。杨镰在为本书撰写的题为《走向地平线的驼队》中说："《驼队》是关于 20 世纪 20—30 年代的中国和阗与塔里木难得一见的佳作。《驼队》的着眼点并不在于考察的终极结果——发现了（做出了）什么，而在于发现过程的真实感受。"②

雅林《重返喀什噶尔》③，作者是瑞典著名东方学家，1929—1930 年为准备撰写研究生毕业论文，雅林随马帮翻越了帕米尔高原，抵达新疆的喀什噶尔，用半年多时间深入民间许多不为人知的角落，出色地完成了修学考察。1978 年已经是瑞典皇家文学、历史、文物科学院成员的雅林重访了喀什，本书记录了雅林两次来新疆——1929—1930 年、1978年的观感。

亨宁·哈士纶《蒙古的人和神》，丹麦人，20 世纪 20 年代他在北京以北的张家口、北京西北的大同一带经商，精通汉语和蒙古语。1926—1927 年中国和瑞典共同筹建中瑞西北科学考察团时，斯文·赫定聘用哈士纶为考察团副队长。考察期间，他对生活在巴音布鲁克草原的蒙古土尔扈特部落作了深入的调查和考察，并成为当时土尔扈特部落"摄政王"——僧钦格根（多活佛）的好友。为了使世人更多地了解生活在天山环抱中的土尔扈特部落，他为瑞典民族博物馆征集了一整套土尔扈特的服饰、鞍具，甚至包括一个真的（不是仿制的）活佛的金帐。本书不是一部内容艰深的研究著作，而是一部颇具可读性的、生动曲折的探险记。可贵的是"作者从始至终都是力图站在一个正统的土尔扈特人的角度来描写他所听到、所见到的一切。在他的书中，他从来不是一个无所谓的旁观者，而自视为那个历史悠久、有着光荣传统的部落的一

① ［德］布鲁诺·鲍曼：《没有归途的沙漠之旅》，王静等译，新世界出版社 2002 年版。

② ［瑞典］安博特：《驼队》，杨子、宋增科译，《驼队》，新疆人民出版社 2010 年版，代序第 10 页。本书是 2013 年版"西域探险考察大系"三十种选题之一。

③ ［瑞典］雅林：《重返喀什噶尔》，崔延庆、郭颖杰译，新疆人民出版社 2010 年版。本书是 2013 年版"西域探险考察大系"三十种选题之一。

个'编外'成员"。①

7. 美国探险家考察记的中译本

亨廷顿《亚洲的脉搏》②，美国地理学家。按照瑞典探险家斯文·赫定的成例，一般20世纪的中亚探险家在完成一次探险之后，总是出版两本书，一本是学术考察报告；另一本是纪实性游记。前者提供学术界参考，往往也是对设立课题者或出资方的总结、报告；后者则是面向广大读者，是写给一切对此有兴趣的人阅读的。亨廷顿在1905年3月至1906年4月，完成了他的第二次中亚考察，他的课题是中亚气候与文明的演变，其专著《文明与气候》便是本课题的直接学术成果，本书则是专门为普通读者写的塔里木探险记。

兰登·华尔纳《在中国漫长的古道上》，美国中亚考察家，曾两次代表美国哈佛大学福格艺术博物馆赴中国西北地区进行考察。他的第一次考察于1923年至1924年进行，1926年出版的本书，即为本次考察的实录。他的第二次考察于1925年进行，1938年出版的《万佛峡：一个9世纪佛教壁画洞窟的研究》是这次考察的实录。兰登·华尔纳"是一个极富争议的人物。在中国人眼里，他因为用化学胶水盗取敦煌莫高窟精美壁画而成为20世纪前半叶来敦煌考察的外国探险家中最臭名昭著的一个"。③

鲍大可《中国西部四十年》④，作者鲍大可与费正清、斯卡拉宾诺三人，曾在一本中国学专家名录中被称为是美国的"三大中国通"。1947—1949年，鲍大可作为美国当代世界事务研究所的中国和东南亚的研究员，以及《芝加哥每日新闻》的特派记者，来中国西部宁夏、青海、西康、新疆等地考察抗战八年后又开始国内战争的中国现状。40年后的1988年，鲍大可又到中国西部故地重游，除过去去过的地方再走一遍外，还去了四川、内蒙古和云南。本书即是跨越40年他的中国西部之行的纪实。本书

---

① 杨镰：《土尔扈特部落的光荣与梦想（代序）》，载〔丹〕亨宁、哈士纶等《蒙古的人和神》，徐孝祥译，新疆人民出版社2010年版，第2—3页。本书是2013年版"西域探险考察大系"三十种选题之一。

② 〔美〕亨廷顿：《亚洲的脉搏》，王彩琴、葛莉译，新疆人民出版社2001年版。本书是2013年版"西域探险考察大系"三十种选题之一。本书还有新疆人民出版社2001年版本。

③ 荣新江：《序》，载〔美〕兰登·华尔纳等《在中国漫长的古道上》，姜洪源、魏宏举译，新疆人民出版社2001年版，第1页。本书是2011年版"西域探险考察大系"三十种选题之一。

④ 〔美〕鲍大可：《中国西部四十年》，孙英春等译，东方出版社1998年版。

第六章的章名即是"新疆"。

比尔·波特《丝绸之路》①，当代美国汉学家、作家。1992 年循丝绸之路从西安出发，经天水、兰州、武威、敦煌进入新疆哈密、吐鲁番、乌鲁木齐、伊宁、巴音布鲁克草原、库车、阿克苏、喀什、塔什库尔干、红其拉甫口岸，抵巴基斯坦的吉尔特、伊斯兰堡。本书即是此行的纪实之作。

（四）外国探险家新疆探险考察的研究

对近代以来外国探险家在中国考察活动的研究，40 年代吴传钧《近百年外人考察我国边陲述要》② 分 1871 年以前，1871—1888 年，1888 年至 1931 年三个时期作了述论。文章指出："近百年来考察我国边陲者，以越帕米尔或假道蒙古而来之俄人，与经喀喇昆仑山或西藏高原而来之英人为主。""外人之来我国边陲者络绎不绝，或窃绘山川险要，记述风土实情，归以告其国人，或探发古墟宝藏，满载以去，陈于其国之博物馆以为殊荣"，故重点评述了近百年来外国探险家在我国天山、帕米尔、蒙古、西藏等地区的活动。20 世纪前半叶研究外国探险家在中国考察活动的评述，当以该文为详。

20 世纪 50 年代以降，大陆学者对于 19 世纪以来外国探险家在中国边疆地区的探险考察活动的研究基本上都是在帝国主义侵华史的大框架下展开，在各种《帝国主义侵华史》《沙俄侵华史》中均有专章、专题论述。1983 年杨建新、马曼丽《外国考察家在我国西北》③ 试图冲破上述传统认识框架，全书集中论述了斯文·赫定、斯坦因、伯希和、大谷光瑞考察队、波塔宁、科兹洛夫、普尔热瓦尔斯基的探险生涯。在后记中指出："近代到中国进行考察活动的外国人，大体可分为三类：一类如俄国的瓦里汉诺夫、明茨洛夫等人，他们带着收集中国政治情报的指令，不经中国政府的批准，化装成商人等，混入中国境内进行活动。他们实际上不是考察家，而是间谍、侵略分子。这种人在俄国的考察者中，为数不少，但在

---

① ［美］比尔·波特：《丝绸之路》，马宏伟、吕长清译，四川文艺出版社 2013 年版。

② 吴传钧：《近百年外人考察我国边陲述要》，《边政公论》第 3 卷第 5、6 期，1944 年 5、6 月。

③ 杨建新、马曼丽：《外国考察家在我国西北》，河南人民出版社 1983 年版。

当时众多的各国考察者中，毕竟是少数。第二类如美国人华尔纳等，他们到我国肆意破坏、盗窃文物，根本说不上什么科学考察，纯粹是殖民主义者的掠夺行径。第三类他们的主要活动经当时清政府的同意，确实有科学考察的内容，并有一定成绩。但同时，他们也在不同程度上有损害中国人民利益的活动。但这类人，终身以考察为主，当然可以称之为考察家。"

1992 年在乌鲁木齐召开了"西域考察与研究"国际学术讨论会，马曼丽向会议提交了论文《评外国考察家对西域的考察》①，进一步提出："尽可能一分为二地评价不同的外国考察家"，评价过去的外国考察家在西域的活动，应该历史地看待三对关系：派遣国的政策、宗旨与考察者个人之间的关系，当时中国政府的责任和外国考察者的责任之间的关系，考察家本人功过的关系。马大正《面向 21 世纪的西域研究——"20 世纪西域考察与研究"国际学术讨论会与考察记述》中也支持一分为二对待历史上的外国探险家的探险活动，指出一方面要"揭露和批判这些人的活动实际上是适应帝国主义对华侵略，争夺势力范围需要的实质；但是，作为研究者应认识到，外国探险家们尽管每个人的目的不同、方式各异，其所作所为或可称道或被谴责，但应该承认，他们的考察实录和考察成果，均无一例外地成为可供后人借鉴、研究、评述的历史遗产"。②

"西域考察与研究"国际学术讨论会是一次深化外国探险家研究重要会议，提交会议的论文还有：刘存宽《普尔热瓦尔斯基的"中央亚细亚考察"及其评价》，杨镰《法国杜特雷依探险队遭际考实》等。

1. 综合介绍外国探险家的知识性

一是，新疆维吾尔自治区人民政府新闻办公室编《外国探险家的足迹》③，这是一本图文并茂、印制精美的图集。在"寻找失落的文明"总主题下，对形形色色的外国探险家们在新疆吐鲁番、库车、拜城、罗布

---

① 本文刊于马大正、王嵘、杨镰主编《西域考察与研究》，新疆人民出版社 1994 年版，第 25—34 页。

② 马大正：《面向 21 世纪的西域研究——"20 世纪西域考察与研究"国际学术讨论会与考察记述》，《中国社会科学》1993 年第 2 期。

③ 新疆维吾尔自治区人民政府新闻办公室编：《外国探险家的足迹》，五洲传播出版社 2005 年版。

泊、楼兰、塔里木、喀什、和田的考古探险活动，做了客观的介绍和评议。

二是，田卫疆《没有航标的沙海之旅：近代新疆探险百年》，本书选择近代新疆探险史上最引人入胜的百余年，即从 1840 年鸦片战争以后到 1949 年新中国成立这段探险史里一些有代表性的中外探险家，简要地对他们进行叙述和评价。作者写作以史料为依据，以众前贤研究成果为基础，所述探险的人和事，是学术研究成果的知识化、通俗化的尝试。

三是，田卫疆编著《新疆：探险家眼中的新疆》，近代以来到新疆从事探险考察的外国探险家是一个不能忽视的特殊群体，无论是探索西域史，还是准确地认识近代新疆社会，倘若缺少或者遗漏对这批外国探险家的认识和了解，特别是对他们诸多成果的汲取参考，恐怕任何研究都将会是不完整的。作者"期望这部书能给力图进一步了解近代新疆社会状况的读者一个独特的视角，提供一些可贵的借鉴和启迪"。①

四是，唐栋《西域劫踪：中国西部文物被盗纪实》②，这是一部尚可一读的长篇纪实文学之作，只是多了一些感情的渲发，少了一点理性的思考。

2. 杨镰对外国探险家新疆探险考察的系列评议

杨镰在新疆探险史资料整理和研究方面业绩是多方面的，有关他组织中国学人撰写边疆考察实录，并亲自撰写，直至主编丛书，推动社会关注度的业绩，在本章"三、建国后中国学者的新疆考察实录"中已有评述。杨镰另一项工作是对外国探险家的考察记撰写研究性导读，是了解、研究外国探险家值得重视的学术成果。这些成果主要集中刊发在由新疆人民出版社 2013 年版"西域探险考察大系"相关著作中，现将目列于次：

《斯文·赫定及其〈我的探险生涯〉》，［瑞典］斯文·赫定《我的探险生涯》代序；

《生死大漠》，［瑞典］斯文·赫定《生死大漠》代序；

《一个游移的湖和一个执著的探险家》，［瑞典］斯文·赫定《游移的湖》代序；

---

① 田卫疆编著：《新疆：探险家眼中的新疆》，外文出版社 2006 年版。

② 唐栋：《西域劫踪：中国西部文物被盗纪实》，解放军文艺出版社 1998 年版。

《丝绸之路的经行者与探索者》，［瑞典］斯文·赫定《丝绸之路》代序；

《世纪之谜》，［瑞典］斯文·赫定《罗布泊探险》代序；

《从绝境走向成功》，［瑞典］斯文·赫定《穿过亚洲》代序；

《戈壁沙漠横渡记》，［瑞典］斯文·赫定、沃尔克·贝格曼《横渡戈壁沙漠》代序；

《"小河"之谜与新疆考古探险》，［瑞典］沃尔克·贝格曼《新疆考古记》代序；

《走向地平线的驼队》，［瑞典］尼尔斯·安博特《驼队》代序；

《土尔扈特部落的光荣与梦想》，［丹麦］亨宁·哈士纶《蒙古的人和神》代序；

《世纪话题》，［德］阿尔伯特·赫尔曼《楼兰》代序；

《最后一个独行侠》，［德］艾米尔·特林克勒《未完成的探险》代序；

《从喀什噶尔开始——贡纳尔·雅林及其东方学研究》，［瑞典］贡纳尔·雅林《重返喀什噶尔》代序；

《斯坦因与新疆探险史》，［英］斯坦因《斯坦因西域考古记》代序；

《走上世界屋脊》，［英］T. E. 戈登《世界屋脊》代序；

《现代西行记》，［英］米德莱·凯伯等《修女西行》代序；

《一边是绿洲，一边是沙漠》，［美］亨廷顿《亚洲的脉搏》代序；

《探索天山与昆仑的奥秘》，［俄］米哈伊尔·瓦西里耶维奇、别夫佐夫《别夫佐夫探险记》代序；

《西域找宝人的独白》，［俄］费·阿·奥勃鲁切夫《荒漠寻宝》代序；

《西域探险史上的东瀛释子橘瑞超》，［日］橘瑞超《橘瑞超西行记》代序；

《横断蒙古、纵贯新疆的探险考察》，［日］野村荣三郎《蒙古新疆旅行日记》代序；

除了以上 21 篇我将它称为"代序系列"作品外，杨镰还发表了《斯文·赫定的探险活动及〈亚洲腹地探险八年〉》①《〈罗布泊探秘〉与罗布泊

---

① 杨镰：《斯文·赫定的探险活动及〈亚洲腹地探险八年〉》，《中国边疆史地研究》1992年第 3 期。

之谜》①《罗布泊探险考察一世纪》②《法国杜特雷依探险队遭际考实》③。

上述 25 篇论文,我认为是当前了解 19 世纪以降外国探险家新疆探险考察的入门之作,也可以视之为研究深化的奠基之作,大有结集出版之价值。

3. 对瑞典探险家斯文·赫定研究

对中瑞西北科学考察团的关注,必然引起对瑞典探险家斯文·赫定的评议和研究。20 世纪 40 年代即有聂崇岐《斯文·赫定穿行亚洲述要》④和徐炳昶《斯文·赫定先生小传》⑤ 等。

时隔半个世纪,1992 年出版了邢玉林、林世田《探险家斯文·赫定》,这是 40 多年来中国学者撰写的第一部有关外国探险家传记,全书以 1/3 以上篇幅评述了斯文·赫定在促进考察团工作上的特殊作用,同时对斯文·赫定的政治立场、政治态度和若干政治观点,以及他早期探险活动中侵犯中国主权的行径进行了评述和批判,并指出:"赫文·赫定在中国的考察、探险活动是非功过兼具,这种两面性不容忽视,必须具体问题具体分析。"⑥ 李军、邓淼《斯文·赫定》⑦ 是中国学者撰写的第二部斯文·赫定传记。

姜继为《斯文·赫定探险记》,本书用生动的文字讲述了斯文·赫定传奇而曲折的探险生涯。自小立志探险,16 岁开始闯荡波斯、伊拉克、土库曼斯坦、吉尔吉斯斯坦等多个国家和地区。1890 年至 1935 年45 年间,先后五次到中国探险,数次攀登"冰川之父"慕士塔格峰,三次穿越塔克拉玛干沙漠,几次穿过死亡秘境罗布泊,翻越世界屋脊进入青藏高原,首次发现楼兰古城、喀拉墩遗址、勘定恒河源头,踏查古丝绸之路。作者认为:"他是一位科学家、一位地理和文明的发现者,新疆和西藏让他如醉如痴,在这里他找到了毕生的事业,也找到了名垂青史

---

① 杨镰:《〈罗布泊探秘〉与罗布泊之谜》,《中国边疆史地研究》1997 年第 2 期。

② 杨镰:《罗布泊探险考察一世纪》,载马大正等主编《西域考察与研究续编》,新疆人民出版社 1998 年版,第 3—30 页。

③ 杨镰:《法国杜特雷依探险队遭际考实》,载马大正等主编《西域考察与研究》,新疆人民出版社 1994 年版,第 59—99 页。

④ 聂崇岐:《斯文·赫定穿行亚洲述要》,《地学杂志》第 16 卷第 2 期,1928 年;第 17 卷第 1、2 期,1929 年。

⑤ 徐炳昶:《斯文·赫定先生小传》,《地学杂志》第 17 卷第 2 期,1929 年。

⑥ 邢玉林、林世田:《探险家斯文·赫定》,吉林教育出版社 1992 年版,第 5 页。

⑦ 李军、邓淼:《斯文·赫定》,中国民族摄影艺术出版社 2002 年版。

的坚实基点。"①

马大正在《认识斯文·赫定，研究斯文·赫定》一文中指出："不管世人如何评说，我以为斯文·赫定一生的探险生涯，有两件事是值得大书特书的。这就是：楼兰古城的发现和与中国进行的科技合作。""斯文·赫定向往中国悠久、灿烂的文明，热爱新疆的山山水水，他的'中国情结'终其一生从未消退。正如当有人问他为什么终身未婚时，他回答道：'我已经和中国结了婚！'""我想，认识斯文·赫定，不要忘记他所处的时代；研究斯文·赫定，应坚持实事求是的态度，该批判的批判，该肯定的肯定"。②

有关评议和研究斯文·赫定的论文还有：尹泽生《斯文·赫定和他在我国新疆西藏地区的地理考察》③，梅邨《斯文·赫定在中国西北的四次探险考察》④，林世田编译《斯文·赫定与中亚探险》⑤，房建昌《斯文·赫定在西藏的活动》⑥，1992 年在乌鲁木齐召开的"西域考察与研究"国际学术讨论会上学者提交的论文中涉及斯文·赫定探险生涯和成就的有：王淑梅《斯文·赫定与中国新疆》、［美］包森《斯文·赫定的人文遗产》、［瑞典］罗森《斯文·赫定中亚抄本及刻本收藏品概述》、［瑞典］沃尔特斯《斯文·赫定的民族学收藏品》⑦ 等。

4. 对英国探险家斯坦因研究

巫新华《斯坦因》⑧ 是中国学者撰写的第一部斯坦因的学术传记。作者是中国社会科学院考古研究所研究员，在主持新疆考古发掘同时，致力于"汉译 20 世纪国外西域考古探险经典学术著作"工作，是斯坦因中国西部考古探险学术报告的翻译者和翻译工作的组织者，他的工作团队已完成了《古代和田》（第一次考古探险），五卷本《西域考古图记》（第二次考

①　姜继为：《斯文·赫定探险记》，上海三联书店 2009 年版，第 2 页。

②　马大正：《西出阳关觅知音——新疆研究十四讲》，上海辞书出版社 2013 年版，第 194、199 页。

③　尹泽生：《斯文·赫定和他在我国新疆西藏地区的地理考察》，《地理知识》1981 年第 1 期。

④　梅邨：《斯文·赫定在中国西北的四次探险考察》，《文物天地》1987 年第 3 期。

⑤　林世田编译：《斯文·赫定与中亚探险》，《中国边疆史地研究导报》1989 年第 3 期。

⑥　房建昌：《斯文·赫定在西藏的活动》，《中国边疆史地研究导报》1990 年第 3 期。

⑦　上述 4 篇论文均收录在马大正等主编《西域考察与研究》内，新疆人民出版社 1994 年版。

⑧　巫新华：《斯坦因》，中国民族摄影艺术出版社 2001 年版。

古探险）、《亚洲腹地考古记》（第三次考古探险）等著作的翻译和出版。因此，这本由他执笔的斯坦因传记，篇幅不长，但学术含量却是极高。

王冀青《斯坦因第四次中国考古日记考释》和《斯坦因与日本敦煌学》① 是中国学者研究斯坦因的重要学术著作，前书在本章"中外学者和探险家考察日记和日记体裁文稿的整理和翻译"中已有介绍，后书是作者对英国牛津大学藏斯坦因考古档案和日本敦煌学史文献的研究工作。同类著作还有陈国灿《斯坦因所获吐鲁番文书研究》②，陈自仁《殒命中亚——斯坦因探险考古生涯》③ 和《敦煌之痛：斯坦因在丝绸之路上的探险与盗宝活动》④，是两部文学体裁撰写的斯坦因探险生涯的传记。作者在两本书的后记中均说：斯坦因第一次中国探险之后，人们对他的评价莫衷一是。誉者大捧特捧，毁者一斥再斥。如果冷静地看待人们对斯坦因的评价，就会发现，西方人中，对斯坦因捧者多；中国人中，对斯坦因毁者多。还会发现，很多评价斯坦因的人，包括西方的传记作家们，不能把斯坦因放在特定的历史条件下进行评价。从个人的好恶和单纯的民族感情出发评价历史人物，其言论必然失之偏颇。"我试图把斯坦因放在特定历史背景下，反映斯坦因成长、生活的特定环境，表现斯坦因内心世界的多样性，反映斯坦因性格的复杂性。"珍妮特·米斯基《斯坦因：考古与探险》⑤ 是一部西方学人撰写的斯坦因传记，书中引用了大量斯坦因的私人档案和信札，本书 1977 年由美国芝加哥大学出版社出版。这是迄今为止唯一的一部西方学人撰写的斯坦因传记的中译本。

相关论文有：吴金鼎《总论斯坦因三次来华之一切行径》（铅印本），杨建新《斯坦因和我国西北史地研究》⑥，齐陈骏、王冀青《马·奥·斯坦因第一次中亚探险期间发现的绘画品内容总录》⑦，程力、于江《斯坦

---

① 两书均为"国际敦煌学术丛书"选题，由甘肃教育出版社 2004 年出版。

② 陈国灿：《斯坦因所获吐鲁番文书研究》，武汉大学出版社 1994 年版。

③ 陈自仁：《殒命中亚——斯坦因探险考古生涯》，甘肃文化出版社 2004 年版。

④ 陈自仁：《敦煌之痛：斯坦因在丝绸之路上的探险与盗宝活动》，甘肃人民美术出版社 2011 年版。

⑤ ［英］珍妮特·米斯基：《斯坦因：考古与探险》，田卫疆等译，新疆美术摄影出版社 1992 年版。

⑥ 杨建新：《斯坦因和我国西北史地研究》，《西北史地》1983 年第 1 期。

⑦ 齐陈骏、王冀青：《马·奥·斯坦因第一次中亚探险期间发现的绘画品内容总录》，《敦煌学术辑刊》1988 年第 1、2 期。

因四次入新简述》①，钱国旗编译《斯坦因三次西域探险及有关探险报告介绍》②，英国学者维尼提亚·波特《斯坦因在新疆收集的伊斯兰钱币》③，英国学者王海仑《斯坦因从新疆地区搜集的钱币》④，王冀青《斯坦因第二次中亚考察期间所持中国护照简析》⑤ 等。

　　5. 对俄国、芬兰、日本等国探险家研究

　　俄国的普尔热瓦尔斯基，芬兰的马达汉，日本的橘瑞超，连同上述的斯文·赫定、斯坦因，在 21 世纪的 2002 年，中国民族摄影艺术出版社出版了由马大正主编的"走进中国西部的探险家"丛书中均设有专传。《普尔热瓦尔斯基》由杜根成、丘陵著，《马达汉》由王家骥著，《橘瑞超》由乔玉著，这些都是中国学者撰写的外国探险家的学术传记，应该说具有填补研究空白的学术价值。

　　有关普尔热瓦尔斯基和其他俄国探险家活动的论文还有：马汝珩《普尔热瓦尔斯基与波兹德涅耶夫的侵华活动》⑥，伍光和、唐少卿《论普尔热瓦尔斯基在亚洲中部地理研究中的地位和作用》⑦，刘存宽《普尔热瓦尔斯基的"中央细亚考察"及其评价》⑧，王守春《十九世纪下半叶俄国人对塔里木盆地地理考察》⑨，姜伯勤《沙皇俄国对敦煌及新疆文书的劫夺》⑩，黄鸿钊《19 世纪末 20 世纪初俄国人在我国西北边疆"考察"活动》⑪，刘

---

　　① 程力、于江：《斯坦因四次入新简述》，《新疆文物》1992 年第 4 期。

　　② 钱国旗编译：《斯坦因三次西域探险及有关探险报告介绍》，《青岛师专学报》1992 年第 9 卷第 20 期。

　　③ ［英］维尼提亚·波特：《斯坦因在新疆收集的伊斯兰钱币》，《新疆钱币》1996 年第 3 期。

　　④ ［英］王海仑：《斯坦因从新疆地区搜集的钱币》，《西域研究》1997 年第 3 期。

　　⑤ 王冀青：《斯坦因第二次中亚考察期间所持中国护照简析》，《中国边疆史地研究》1998 年第 4 期。

　　⑥ ［日］服部龙太郎：《普尔热瓦尔斯基与波兹德涅耶夫的侵华活动》，马汝珩译，《中俄关系问题》1981 年第 3 期。

　　⑦ 伍光和、唐少卿：《论普尔热瓦尔斯基在亚洲中部地理研究中的地位和作用》，《兰州大学学报》1986 年第 1 期。

　　⑧ 刘存宽：《普尔热瓦尔斯基的"中央细亚考察"及其评价》，载马大正等主编《西域考察与研究》，第 35—58 页。

　　⑨ 王守春：《十九世纪下半叶俄国人对塔里木盆地地理考察》，《中俄关系研究会通讯》1979 年第 2 期。

　　⑩ 姜伯勤：《沙皇俄国对敦煌及新疆文书的劫夺》，《中山大学学报》（社会科学版）1980 年第 3 期。

　　⑪ 黄鸿钊：《19 世纪末 20 世纪初俄国人在我国西北边疆"考察"活动》，《西北史地》1987 年第 3 期。

存宽《19—20 世纪初俄国对新疆的地理考察》① 等。

有关马达汉研究，研究成果主要集中收录在《芬兰探险家马达汉新疆考察研究》② 一书中，全书共收录论文 25 篇，分为"马达汉的新疆考察""马达汉新疆考察的历史遗产""马达汉笔下的晚清社会""芬兰的东方学研究"四个专栏。本论集是 2006 年 8 月 20 日至 9 月 11 日由中国社会科学院中国边疆史地研究中心和芬兰赫尔辛基大学主办、新疆社会科学院协办，分别在芬兰赫尔辛基和中国乌鲁木齐召开的"马达汉新疆考察国际研讨会"论文结集。相关论文还有马大正《略论芬兰探险家马达汉的新疆考察》③《芬兰探险家马达汉访察卫拉特蒙古述略》④，周轩《俄属芬兰男爵曼纳海姆（马达汉）西域考察中的官员交往》⑤，刘爱兰、房建昌《芬兰总统麦耐黑姆光绪末年对西北少数民族的实地考察》⑥。

有关大谷光瑞西域探险研究的相关论文有：马曼丽《大谷探险队与吐鲁番敦煌文化》⑦，刘进宝《大谷光瑞考察团与中国西北史地研究》⑧，晁华山《清末民初日本考察克孜尔石窟及新疆文物在日本的流散》⑨，［日］金子民雄《论大谷探险队——橘瑞超是怎样到达楼兰的?》⑩。研究存放在旅顺博物馆和日本龙谷大学的大谷考察团文物的论文有：王宇、刘广堂《旅顺博物馆所藏西域文书》⑪，《旅顺博物馆藏新疆出土文书》（一）（二）（三）⑫，

① 刘存宽：《19—20 世纪初俄国对新疆的地理考察》，《社会科学战线》1993 年第 2 期。

② 马大正等主编：《芬兰探险家马达汉新疆考察研究》，黑龙江省教育出版社 2007 年版。

③ 马大正：《略论芬兰探险家马达汉的新疆考察》，《中国社会科学院学术咨询委员会集刊》第三辑（2007 年），社会科学文献出版社 2007 年版。

④ 马达汉：《芬兰探险家马达汉访察卫拉特蒙古述略》，《西部蒙古论坛》2008 年第 1 期。

⑤ 周轩：《俄属芬兰男爵曼纳海姆（马达汉）西域考察中的官员交往》，《西域研究》2008 年第 2 期。

⑥ 刘爱兰、房建昌：《芬兰总统麦耐黑姆光绪末年对西北少数民族的实地考察》，《西北民族研究》1993 年第 1 辑。需说明，麦耐黑姆即马达汉不同译名，他考察时也不是芬兰总统。

⑦ 马曼丽：《大谷探险队与吐鲁番敦煌文化》，《新疆大学学报》（哲学社会科学版）1983 年第 4 期。

⑧ 刘进宝：《大谷光瑞考察团与中国西北史地研究》，《敦煌研究》1999 年第 3 期。

⑨ 晁华山：《清末民初日本考察克孜尔石窟及新疆文物在日本的流散》，《新疆文物》1992 年第 4 期。

⑩ 马大正等主编：《西域考察与研究》，第 122—125 页。

⑪ 王宇、刘广堂：《旅顺博物馆所藏西域文书》，《西域研究》1992 年第 2 期。

⑫ 王珍仁、刘广堂、孙慧珍：《旅顺博物馆藏新疆出土文书》，《新疆文物》1992 年第 4 期，1994 年第 1 期，1994 年第 2 期。

王珍仁、孙慧珍《旅顺博物馆藏新疆出土汉文文书概况》①，日本学者小笠原宣秀《龙谷大学收藏大谷探险队带来的吐鲁番出土文书综述》② 等。

6. 对匈牙利来华探险家的介绍

匈牙利到新疆探险考察的除大家熟知的英国探险家斯坦因，是匈牙利籍犹太人外，其他人物知之甚少。符志良编著《早期来华匈牙利人资料辑要（1341—1944）》③ 是一本十分有价值的资料书，篇幅不长、内容丰富，共介绍 42 位在 1341—1944 年来华的匈牙利人，其中"考察新疆及其毗地区"有四人，他们是：

瓦姆贝利·阿尔明（1832—1913），1863 年乔装成当地伊斯兰教云游僧人，到哈萨克斯坦、乌兹别克斯坦和土库曼斯坦等地，曾到喀什作短暂考察，他考察的主要内容是匈牙利的族源，以及与土耳其各部族的关系。

乌伊法尔维·卡洛伊（1842—1904），1876 年、1880 年、1881 年先后赴中亚、土耳其和英属喜马拉雅山地从事人类学、民俗学、语言学考察与研究。

奥尔玛希·焦尔吉（1867—1933），1900 年中亚考察，到伊犁河，汗腾格里地区天山中部高原，1906 年第二次中亚考察，在中国北部考察地质、地理、气象、民俗和经济关系。

普林兹·久拉（1882—1973），一生进行两次中亚考察，第一次是1906 年 5 月至 1907 年 1 月，主要活动在哈萨克斯坦和吉尔吉斯斯坦东南部地区；第二次是 1909 年 4—10 月，这次由第一次科考地向东进入纳林河谷，再向东到达了塔里木盆地的西缘，并以新疆喀什为基地进行了地质、地貌考察，他是考察天山大峡谷的第一个欧洲人。

另外，《中国边疆史地研究》杂志 1992 年为配合同年在乌鲁木齐召开的"20 世纪西域考察与研究"国际学术讨论会，在第三期刊发了"西域考察与研究"专栏，刊发了 4 篇学术论文，篇目如次：马大正《20 世纪新疆考察述论》，杨镰《斯文·赫定的探察活动及〈亚洲腹地探险八

---

① 王珍仁、孙慧珍：《旅顺博物馆藏新疆出土汉文文书概况》，《新疆文物》1994 年第 4 期。

② ［日］小笠原宣秀：《龙谷大学收藏大谷探险队带来的吐鲁番出土文书综述》，载［日］橘瑞超等《中亚探险》，柳洪亮译，新疆人民出版社 1993 年版。

③ 符志良编著：《早期来华匈牙利人资料辑要（1341—1944）》，布达佩斯：世界华文出版社 2003 年版。相关记述参阅，第 58—72 页。

年〉》，邢玉林、林世田《西北科学考察团组建述略》，黄烈《艰辛的历程，丰硕的奉献——黄文弼先生与西北考察》。自此之后，总体上看该刊刊发有关外国探险活动的论文并不多，有如下三篇，录篇名如次，以资备忘：刘进宝《鄂登堡考察团与敦煌遗书的收藏》① 《华尔纳及其敦煌考察团述论》②，许建英《拉铁摩尔对中国新疆的考察与研究》③。

[首发于马大正《当代中国边疆研究（1949—2014）》，中国社会科学出版社2016年版]

---

① 刘进宝：《鄂登堡考察团与敦煌遗书的收藏》，《中国边疆史地研究》1998年第1期。
② 刘进宝：《华尔纳及其敦煌考察团述论》，《中国边疆史地研究》2000年第1期。
③ 许建英：《拉铁摩尔对中国新疆的考察与研究》，《中国边疆史地研究》2011年第4期。

面对 21 世纪的西域考察与研究

——"20 世纪西域考察与研究"国际学术
讨论会与考察记述

由中国社会科学院中国边疆史地研究中心、新疆维吾尔自治区文联西域艺术研究会与瑞典国家民族博物馆、瑞典斯文·赫定基金会联合主办的"20 世纪西域考察与研究"国际学术讨论会于 1992 年 10 月 3 日在乌鲁木齐召开。

这次国际学术活动由两个阶段组成。10 月 3—6 日为学术讨论；10 月 8—27 日为学术考察。

一 会议的学术综述

参加学术会议的中国代表，包括正式代表 30 人，特邀代表 25 人，分别来自北京、乌鲁木齐、和田、西安、南京、上海、哈尔滨；外国代表 10 人，分别来自瑞典、美国、英国、新西兰、日本。中外学者共提交著作 5 部，论文（或论文提要）39 篇，译著 1 部、资料 2 部。提交会议讨论的论文按内容大体上可分三大类：一类是有关 20 世纪以来新疆历史、考古的研究综述，有 5 篇；二类是对西域历史、地理、社会、文化、民族古文字等领域的专题研究，有 24 篇；三类是对 19—20 世纪西域考察及其学术遗产的评述，有 10 篇。中国代表 31 人，外国代表 8 人在 6 个半天的讨论会上做了学术报告。讨论会开得生动活泼，富有启发作用。

参加学术考察的中国学者 24 人，外国学者 9 人。学者们自乌鲁木齐出发，经库尔勒、库车、拜城、阿克苏，穿越和田河河谷（在和田河谷野

营 4 天）到和田，之后沿塔克拉玛干沙漠南缘，经策勒、民丰、且末、若
羌再经库尔勒、和静、返回乌鲁木齐。历时 20 天，行程近 5000 公里。沿
途主要考察了苏巴什遗址、克孜尔尕哈土塔、古龟兹国城遗址、克孜尔千
佛洞、玛札塔格古堡遗地、库尔玛山遗址、约特干遗址、瓦利克阿瓦提遗
址、热瓦克佛寺遗址、阿萨古堡遗址、米兰遗址等。大家目睹了我国新疆
各族人民古代文化遗迹的多姿多彩，领略了在荒漠绝野进行考察的艰难辛
苦，进一步激发了深入研究西域历史文化的责任感和积极性。学术考察期
间，在库尔勒还举行了一次关于和田地区和巴音郭楞蒙古自治州历史与文
物专题报告会。

据会议组织者的宗旨，此次学术讨论在历史、考古、语言、民族古文
字、人类学、社会史、历史地理、自然科学等不同领域内，回顾和评价 20
世纪以来西域考察与研究的发展进程和已达到的水平，其中包括中瑞西北
科学考察团的合作经验和科学成就。通过中外学者深入切磋，使西域考察
与研究出现更加活跃的局面，产生更加丰硕的成果，将西域考察与研究推
进到一个新的阶段。

会议论文和学者发言按内容可分以下三大类。

（一）关于 20 世纪以来新疆历史、考古的研究综述

新疆研究，已成为国际学术界关注的领域。在 20 世纪的西域考察与
研究中，中国的几代学者同样付出了艰辛努力，特别是中华人民共和国成
立以来。取得了丰硕成果。据《西域史地论文资料索引》（新疆人民出版
社 1988 年版）和《西域研究书目》（新疆人民出版社 1991 年版）所收，
用汉文发表的研究成果。自 20 世纪初至 1987 年，以新疆民族和考古为主
题的学术论文有 2662 篇，截至 1989 年，已出版的著作达 307 种，论著中
1949 年以后的成果占总数的 70% 以上，称得上蔚为大观。许多成果较之
前人有重大突破或进展。新疆社会科学院历史研究所苗普生《1949 年以
来新疆地方古代史研究述评》和新疆大学历史系厉声《新疆近代史研究回
顾》二文比较全面地回顾和评价了新疆历史研究的发展进程和已取得的成
就（上述二文已刊于《中国边疆史地研究》1992 年第 3 期，西域专号）。
西北大学周伟洲教授《中国近十余年西域民族史研究的特点和展望（1980—
1991）》认为："近十余年来，中国西域民族研究取得了累累硕果和巨大

的进步。"他从"研究领域的不断扩大""开始了多种学科的综合研究""西域民族族别史研究的深入""西域民族近现代史研究有所加强"等方面对西域民族史研究的深化历程作了评估，并希望应"加强对西域民族近现代史的研究，解决现实提出来的新问题"。新疆社会科学院历史研究所纪大椿研究员在题为《论新疆历史研究》发言中具体介绍了新疆社科院历史研究所研究工作开展的情况，及其中的苦与乐。新疆考古研究的发展是令国际学坛瞩目的一个领域。新疆文物考古研究所王炳华研究员《新疆考古新收获》全面介绍了新疆考古研究发展概况后指出："一批新中国培养，在新疆文物考古实践中不断成长的、多民族的考古学者，成了新疆文物考古战线上的主力。他们的足迹，不仅及于当年斯文·赫定、斯坦因、黄文弼等工作过的塔克拉玛干沙漠腹地，而且深入帕米尔高原、阿尔金山、昆仑山、天山山地和准噶尔盆地周缘。在这些地区，发现并记录在案的文物遗址已达近三千处"，并认为"利用考古手段，分析历史时期内人类活动与环境变化的关系，是新疆考古学者近年注意进行的重点工作。考古工作者与自然科学工作者合作，利用地理、水文、沙漠、气象、生物学者有关的研究成果，综合分析，做出了主要是人类活动导致生态环境变化的结论"。新疆文物考古研究所穆舜英研究员《古楼兰文明的发现及其研究》在回顾了古楼兰发现和中外学者研究进程后，详细介绍了1979—1980年中国考古学家多次进入楼兰地区对楼兰遗址的考察。穆舜英是1980年3—4月考察工作东路的负责人，她的报告对与会学者具有极大的吸引力。

（二）关于西域历史、地理、社会、文化、民族古文字等领域的专题研究

中外学者提交论文论题十分广泛，现分历史、民族古文字、历史地理、文化等方面略作记述。

1. 历史

研究清代以前新疆历史的论文有6篇。新疆大学中亚文化研究所冯锡时副教授《法显西行路线考辨》对著名高僧法显西行是否经过凉州和阿克苏做了考辨，认为法显并未经过阿克苏，而是走了一条由焉耆至于阗之间的沙漠通道。新疆社会科学院历史研究所薛宗正研究员《安史之乱后的安西与北庭》评述了安史之乱后，在大唐帝国由盛转衰，安西、北庭二府各自抽调了大批精兵劲旅入关勤王，边防实力大为削弱，而吐蕃则乘虚而入的形势下，孤悬西域的安西、北庭唐军坚守数十年终至失陷，由此结束了唐朝对碛西统治的历史。此项研究丰富了唐朝边政史的研究内容。吐鲁番地区文物保管所柳洪亮《〈大唐西域记〉传入西域的时间及有关问题》通过对近年吐鲁番地区新发现的唐写本《大唐西域记》残卷的研究，认为此"写本应该是《大唐西域记》脱稿后五年内在玄奘自己主持下所完成的最早的一批写本，是现存最古的本子"，此本系玄奘亲自赠予高昌麴氏家族的麴智湛，并由麴智湛自长安带回，时间当在唐高宗永徽三年（652）初前后。南京大学历史系刘迎胜教授《忙古带拔都儿及其在斡端地区的活动》对 1283 年海都军在斡端击败忙古带拔都儿史实做了考释，指出，忙古带所部"并未退回内地，而一直驻守在塔里木盆地的南沿地区。他死后，这支军队由其子继续统领"。黑龙江民族研究所方衍副研究员《邱处机西行与成吉思汗》对 13 世纪 20 年代长春真人丘处机西域考察，并会见一代天骄成吉思汗的始末作了论述。美国威尔斯利大学中文系刘元珠副教授《明朝对西域的政策》重点论述了明中叶以前特别是明太祖朱元璋的西域政策，指出："太祖一朝对西域的经营是建立在对抗蒙古的从属地位上。从历次太祖针对四邻所发的议论来看，这位开国君主对西域的现况缺乏了解，仅把它和西北胡戎混为一谈。因此，'备边'也就成为和西域沟通的主要目标，与西域部分接壤的甘州、肃州，河西走廊一带成为国防的前线，完全改变了蒙元时西域的地位。"

研究清时期新疆历史论文有 5 篇。中国社会科学院中国边疆史地研究中心吕一燃研究员《清政府对帕米尔地区的管辖》以翔实的史料论述了清政府管辖帕米尔的全过程，并指出："清王朝在帕米尔地区实行的行政管理制度和国防设施，堪称全面而富有边疆特色。""当然，清政府对帕米尔地区的管辖是有严重弱点的。而这与乾隆时期的帕米尔周边无敌人有关。……后来，随着英俄对中亚的争夺，形势发生了变化，清政府对帕米尔地区在国防上的紧迫性和重要性仍然没有足够的认识，所以对该地区统治松弛，兵力不足。更没有认真地进行建设，在外敌入侵强占的情况下，无抵御和还击之力。这是一个沉痛的历史教训。"新疆大学历史系厉声《清代西域巡边制度研究》分析了清政府统一西域后，在设军驻防同时，为保持边疆安定而推行卡伦制与巡边制，直至 1835 年，远距离的巡边制遂被卡伦附近的巡哨制取代的演变进程，并指出"清代西域巡边制度是清西部边防的重要政策之一，对于保卫清西疆领土有十分重要的意义"。但"西域巡边制度的废弛，使清西北边防洞开"，而"以巡哨制度替代巡边制为沙俄利用常驻卡伦割占中国西北边疆领土提供了口实"。关于有清一代新疆的商业活动研究有美国斯坦福大学米华健（James Millward）《1759—1860 新疆白银生命线》和中国人民大学清史研究所华立副教授《清代乾嘉时期新疆南八城的内地商民》。前文估算了 1759—1860 年清政府解运到新疆的协饷数目，阐述了解运途径，这些协饷回流到内地的原因及影响，以及清政府内部围绕减少内地经济压力的争论。后文则深入研究乾隆、嘉庆年间活跃在南疆的内地商民，分析了他们活动的特点，并得出结论："乾嘉时期内地商民相继进入南疆经商。从一个方面反映出清代统一多民族国家高度发展形势下，边疆与内地在经济、文化、社会生活各方面相互联系不断加强的趋势。内地商民的贸易活动推动了南疆的经济建设，改善丰富了当地民众的物质生活，也促进了不同民族间的相互了解，他们当中的不少人也由此融入当地社会。"中国人民大学清史研究所成崇德副教授《17 至 18 世纪卫拉特蒙古游牧地的变迁》则探讨了清代前期活跃在西北地区的卫拉特蒙古游牧地变迁的背景、进程和影响。

由于此次学术会议后将考察和田地区与巴音郭楞蒙古自治州，所以有关上述地区考古与历史的论文有 5 篇。新疆文物考古研究所张平《若羌瓦石峡遗址的调查与研究》在回顾了瓦石峡考古发掘历史后，指出：瓦石峡在丝路南道上的重要历史地位。"同时也揭示了一个事实。即楼兰——鄯善王国的活动中心曾经几度变迁，亦即早期的活动重心位于今若羌县城东北部的罗布泊周缘，后转移到南疆交通要隘上的若羌县城附近，至宋元时期，又转移到了若羌县城西八十公里的瓦石峡。"新疆和田地区文物管理所李吟屏《和田历代交通研究》具体研究了和田历代交通路线及其变迁，以及历代政府对和田交通的经营与管理。对于人们进一步研究丝绸之路南道与和田河通道（南北走向）大有裨益。中国社会科学院考古研究所孟凡人副研究员《汉至唐末于阗王统考》是同一作者《五代宋初于阗王统考》（刊《中国边疆史地研究》1992 年第 3 期，西域专号）的姊妹篇。

2. 民族古文字

利用民族古文字对新疆历史进行研究是深化研究的一个重要手段。诚如北京大学历史系荣新江副教授指出："新疆出土的伊朗语文献资料为我们展示了汉文文献所不能明了的历史场面，它们是今后研究西域历史、地理、宗教、文化时所应当充分重视的一组史料。"荣新江的《古代塔里木盆地周边的粟特移民》正是利用了粟特语、于阗语、据史德语以及汉语、藏语、佉卢文尼雅俗语等材料，对于阗、楼兰、疏勒、龟兹、焉耆等地的粟特人聚落进行了深入研究。"大致勾画出古粟特人在塔里木盆地周边各绿洲王国中的普遍存在，从而使我们加深了对粟特人在东西文化交流中所扮演的重要角色的认识。"北京敦煌吐鲁番资料中心黄振华副研究员《佉卢文贵霜王号研究》和中国文物研究所林梅村副研究员《中国所出佉卢文资料研究目录（1875—1992）》则是对佉卢文文献进行整理和研究的力作。

3. 历史地理

罗布泊曾经是中国最大的内陆湖。虽然早已干涸，但它是"不动湖"还是"游移湖"却在国际地学界争论了 100 多年。中国科学院地理研究所奚国金副研究员《罗布泊迁移过程及其研究的新发现》依据他在故宫馆藏中发现的有关罗布泊历史地图，从不同角度确证罗布泊曾存在于英苏—阿拉干一带，为罗布泊迁移的"中间过程"提供了无可怀疑的论据，作者认为罗布泊迁移问题之所以长期争论不清，一个主要原因是其迁移的"中间过程"一直搞不清楚，因此，作者的研究为罗布泊是"游移湖"学说提出了新的证据。中国科学院新疆生物土壤沙漠研究所胡文康工程师《20世纪塔克拉玛干沙漠环境及其变迁》认为："20 世纪塔克拉玛干沙漠环境的变迁，出现了由自然因素影响为主到人为因素影响为主的转变"，并提出调节控制的途径，"一是增强人类对大自然的改造作用，二是减少人类对大自然的破坏影响"。中国科学院新疆分院地理研究所黄明敏《东昆仑山若干历史地理问题的考察与研究》根据 6 次亲自考察的实践发现了许多鲜为人知的历史遗迹。提出："东昆仑山古商道则是丝绸之路的一条重要孔道"；而"丝绸之路昆仑故道犹如一把解开东昆仑山地区若干历史地理问题的钥匙"。

4. 文化与文献整理

新疆西域艺术研究会王嵘副编审《西域艺术研究的新格局》认为，西域古代艺术研究当前呈现以下三个值得重视的新格局，一是"重视各学科研究成果的相互参照。打破了单一化格局，变艺术学科孤立研究为各学科综合研究和比较研究"，二是"在陈述性研究的基础上，已逐渐过渡到思辨性研究"，三是"把历史探讨引向过去和未来相结合的思考，已成为当前艺术学研究和其他学科研究的大趋势"。其他如新西兰奥克兰大学布丽（Brigette J. H. Holland）女士《中国边塞诗研究》、新疆作家协会孟驰北《草原文化与世界文明》、文物出版社黄逖《丝绸之路与中亚文化交融》等发言，也引起与会中外学者的兴趣。

关于文献整理方面有上海古籍出版社李伟国《上海博物馆藏敦煌吐鲁番文献综论》和府宪展《爱尔米塔什博物馆藏中国西域艺术品评介之二·图像》。前文对已编入（上海博物馆藏敦煌吐鲁番文献）一书的80件敦煌吐鲁番遗书的特点和价值做了评述；后文则是作者在原苏联爱尔米塔什博物馆考察所藏有关中国西域艺术品系列文章之一（另两篇是风格、工艺）。

（三）关于19—20世纪西域考察及其学术遗产研究

19世纪中叶以来，欧洲及其他地区一些国家的"探险队""考察队"相继到新疆考察，于19世纪末20世纪初达到高潮。活动内容最初主要是从事地理、地质、生物学考察，以后逐渐扩大，涉及历史、考古、民族、语文、民俗、宗教、艺术、中西交往，以及现实政治、经济、军事等众多领域，对于这些外国探险家活动的评述，是中外关系史、帝国主义侵华史、中国边疆考察史研究中的热门课题。但正如中国社会科学院近代史研究所刘存宽研究员所指出的："目前国内对这个问题的研究依然停留在初步阶段，研究情况同这个问题本身所具有的重要性极不相称，许多方面有待深入。"刘存宽在提交会议的论文《19—20世纪初俄国对新疆的地理考察》中，列举大量事实对这一时期俄国的新疆地理考察进行分析，认为："对中国实行殖民扩张，是俄国本时期对华地理考察的主要原动力。"进而结论："从总体上看。本时期俄国对华地理考察的结果也具有两重性：既损害中国的主权，给俄国对华扩张充当了开路先锋，又在中国边疆地理、历史、民族、宗教、文化、艺术、社会、自然的研究上，有所发现和贡献，并为之积累了十分丰富的珍贵资料，对于这个问题，我们不应该简单对待，应该采取实事求是的、谨慎的、有分析的态度。恰如其分地予以评价。"曾著有《外国考察家在中国西北》《古代开拓家西行足迹》的兰州大学历史系马曼丽副教授在《评外国考察家对西域的考察》一文中，追述了 9 世纪以来外国人在西域的旅行，着重分析了 19 世纪末到 20 世纪前期的外国人考察活动，指出："这一时期的西域考察，一方面是中国文物遭受惨痛浩劫的时期。另一方面也是世界考察史上成果极为辉煌的时期。"对如何评价外国考察者，作者提出了应历史地对待三对关系：一是"派遣国的政策、宗旨与考察者个人的关系"；二是"当时中国政府的责任和考察者个人责任之间的关系"；三是"考察者本人的功与过的关系"。这三者关系是互为关联的，不应人为割裂或夸大其中一点。在谴责外国考察者劫持文物罪恶行径同时，对于清政府的腐败也应予以批判。对此刘存宽早在 1982 年就正确指出："对我国古代遗址和文物肆意破坏和洗劫之所以可能，主要是列强在中国享有殖民特权的结果。当时的中国政府奉行媚外政策及其昏庸无知，毫无保护文物的措施。也是一个重要原因。"（《外国考察家在中国西北·序》，河南人民出版社 1983 年版）中国社会科学院中国边疆史地研究中心马大正研究员《20 世纪新疆考察述论》着重评述了 20 世纪以来，特别是 50 年代以后中国学者在西域考察与研究上取得的令世人瞩目的成绩，总结了百年来新疆考察的主要特点，认为"20 世纪中国学者的新疆考察经历了一个继承、开创和发展的过程。从指导思想言，中国边疆史地研究的爱国主义和求实精神优良传统，始终是中国学者进行新疆考察的出发点的归宿点。马克思主义成为考察的指导思想，并为研究者用之于考察实践，使爱国主义和求实精神优良传统更富生命力，考察本身也更贴近现实生活，从考察形式和方法看，也经历了从封建时期个人游历性考察，到 20 年代后现代考古学、民族学方法的引进，再进一步发展的多学科相结合的综合考察的发展过程"。中国社会科学院文学研究所杨镰副研究员《社特雷依探险队与〈藏游日记〉》通过对稿本《藏游日记》的考释，对史载不详的 1894 年夏在青海玉树地区遭到灭顶之灾的法国杜特雷依探险队的活动进行补缺。

1927—1938 年中瑞西北科学考察团的活动在 20 世纪新疆考察中占有一定地位，斯文·赫定在这次考察中也起了积极作用，1987 年 12 月中国科协所属 6 个学会在北京曾举行了西北科学考察团 60 周年纪念活动，并指出西北科学考察团的组建及其活动，是在旧中国历史条件下"开创中外科技合作的先驱"的成功之举（见中国地质学会编《开创中外科技合作的先驱》，中国科学技术出版社 1991 年版），对此论题理所当然引起与会学者的关注。学者们认为，中瑞西北科学考察团中外学者成功合作的关键是在尊重中国主权的前提下彼此理解和支持。应该说，国际科学合作中彼此间的尊重、理解和支持，是中瑞西北科学考察团给我们留下的，除科学成果之外的又一项重要精神遗产。中国社会科学院中国边疆史地研究中心邢玉林副编审和北京图书馆林世田合著《探险家斯文·赫定》以全书 1/3 多的篇幅评述了中瑞西北科学考察团学术活动的曲折历程和取得的成绩。同时对斯文·赫定的政治立场、政治态度和若干政治观点，以及对他在早期探险活动中侵犯中国主权、掠取中国文物等行为，提出了尖锐批判。由徐十周、王安洪、王安江翻译的斯文·赫定著《亚洲腹地探险八年（1927—1935）》（新疆人民出版社 1992 年版），描述了中瑞西北科学考察团长达 8 年的考察活动，包括考察缘由、1928—1933 年秋考察、1933—1935 年汽车考察。多角度再现了考察团中外学者的野外生活、工作情况及取得的成就。新疆巴音郭楞蒙古自治州和静县史志办公室洪永祥《土尔扈特汗王与西北科学考察团》则记述了中瑞西北科学考察团在和静县活动的一个侧面。外国学者有关这一论题的论文多为从不同角度和学科论述或介绍斯文·赫定的学术遗产，如瑞典国家民族博物馆亚洲部沃尔特斯特（Hakan Wahlquist）《斯文·赫定最后一次考察（1927—1935 年）的有关民族学的收集品》，斯德哥尔摩大学罗森（Staffan Rosen）教授《斯文·赫定收集的中亚手稿和木刻版概说》，瑞典自然历史博物馆诺德斯坦教授（Bertil Nordenstam）《1927—1935 年中瑞考察中的自然科学》。美国加利福尼亚大学包森（James Bosson）教授《斯文·赫定给人类的遗产》，日本学者金子民雄《论大谷探险队——橘瑞超是怎样到达楼兰的?》等。上述论文，为中国学者进一步开展新疆研究提供了有价值的信息。评述斯文·赫定学术遗产的论文还有新疆师范大学历史系侯灿副教授《斯文·赫定的探险考察与享誉世界的新疆古代文明研究》和新疆西域艺术研究会李强《斯文·赫定与丝路人文》。斯文·赫定是一个复杂的历史人物,一生经历大起大落、毁誉参半,至今盖棺而未论定。在他 19 世纪和 20 世纪初的探险活动中,正如《探险家斯文·赫定》一书所指出:"斯文·赫定也同样有未经中国政府允许就进入中国领土的行为,在中国西北进行考察和探险的过程中,搜罗标本、绘制地图,甚至肆意发掘古代遗址,劫持文物,这一切都是侵犯中国主权的行为;同时,他的考察著作和游记等所附的中国区域地图和照片,在客观上适应了对中国抱有侵略野心的帝国主义特别是沙俄的需要,因此,沙俄一直支持斯文·赫定在中国的考察活动并为他提供了许多方便。"但是在 1927—1935 年的西北科学考察团的考察实践中,在中国学者的力争下,斯文·赫定与中国学者在互相尊重的前提下,建立了平等的合作关系。特别是斯文·赫定通过他在中国的经历能认识到:"从前有些西方旅行家恶劣地违反中国国民的感情。因此遇到困难的事,在我们中绝无所闻。中国人在他们国内是在家里,外国人只是客人,如果那些客人对于自身的利益,没有适当的机变和智慧,用宽宏合理的态度去对待他们的中国主人,由他不好的态度,自身必食其报。就我所关涉的说,我将永不忘记这八年的快乐时光,我能有这种特例去与中国的一些最特殊的学者在野外和北平工作,我抱着同情及感谢终身愿记着他们中的每一个人。"(斯文·赫定:《〈我的探险生涯〉自序》)。因此,在他作为中瑞西北科学考察团瑞方团长的科学实践中能恪守双方协议,尊重中国学者,真诚合作,博得中国同行的尊敬。考察团中方团长徐炳昶教授称赞斯文·赫定"老而益壮,实足是全团的一种兴奋剂。全团工作良好。他实在应属首功"(《徐旭生西游日记》第一册,第 13 页)。由谈判的对手变成合作伙伴,双方成功合作的关键是在平等的基础上彼此尊重、理解和支持。基于此,讨论中学者们认为对斯文·赫定应采取实事求是的态度。该批判的批判,该肯定的肯定。由于这次会议讨论的重点是中瑞西北科学考察团的科学实践和历史功绩。对斯文·赫定,以及其他众多外国探险家的评价,只有在学者们今后的研究中展开了。

二　学术考察的记述

学术考察活动分为三个阶段。每个阶段又各有考察重点,现做简要记述。

第一阶段，由乌鲁木齐出发，过达坂城、穿天山干沟到库尔勒，再西行至库车、拜城、阿克苏，由此折向南，经甘草场沿和田河河道由北向南穿越和田河，直达和田市。时间是从 10 月 8 日至 10 月 16 日凌晨。主要内容是考察沿和田河自阿克苏前往墨玉的丝绸之路南北通道交通干线。和田河河道变迁，沿河植被生态，古代人类活动与沙漠变迁，原始胡杨林，玛札塔格古堡遗址及附近沙漠景观。

进入和田河之前，10 月 9 日在库车考察了苏巴什遗址。苏巴什遗址，位于库车县城西北偏东 23 公里伊苏巴什河（即铜厂河）西岸。据今人研究此遗址即是南北朝时著名的雀梨大寺遗址。雀梨大寺又名雀离大清净寺、昭怙厘大寺。遗址群分布在接近山的高坡之上，傍着一条古河。由于该寺傍河而立，河东、河西各有一片寺院，故历史上又称其为二寺，即东雀离大寺、西雀离大寺。遗址遗存几座高墙，尤为引人注目。南北朝时著名高僧鸠摩罗什出生于此；唐代名僧玄奘曾到此礼佛；是古龟兹国重要佛寺。法国汉学家伯希和于 1907 年曾在此发掘出《雀梨关文书》。中国考古学家黄文弼于 1929 年、1958 年两次来此地考察，收获颇丰，有铜器、铁器、陶器、木器、壁画、泥塑等，还发现民族古文字木简两枚。从苏巴什遗址返回库车途中，还考察了克孜尔尕哈土塔和古龟兹国城遗址。土塔位于库车县城西 10 千米公路旁，只见在开阔的台地上，屹立着高约 15 米的土塔。据介绍该土塔是目前丝绸之路上时代最早、保存最好的烽燧遗址。当然，对于土塔是不是汉代还是唐代的烽燧，学者们认识并不一致。古龟兹国城遗址，目前所存仅有一段长几十米，高约 3 米的古城墙，供人遐想千年前古龟兹的繁荣景象。10 月 10 日由库车赶赴阿克苏途中，走马观花地参观了位于拜城县东南 64 千米，世界著名的克孜尔石窟。10 月 10 日在阿克苏休整一天。

10 月 11 日南行 10 小时，渡阿克苏河到达和田河最北端，在鹅河宿营，开始了穿越和田河无人区的行程。瑞典探险家斯文·赫定于 1893 年从叶尔羌横穿沙漠时遇险，在和田河获救，瑞典学者将斯文·赫定遇救的水塘称为"赫定水池"；1903 年 1 月日本大谷探险队渡边哲信等人曾逆和田河探险，斯坦因于 1908 年 4 月、1913 年 11 月两次到和田河流域，在玛札塔格古堡遗址进行盗掘。1929 年 4 月，黄文弼曾沿和田河而上，并考察了玛札塔格，1984 年 10 月，新疆组织的和田考察是一次多学科综合考察。在玛札塔格作了重点考察，提出建立"玛札塔格荒漠景观自然保护区"的建议，这次是首次由中外学者共同参加的和田河流域学术考察。10 月间和田河河水已退，河床上可通行汽车，但陷车事件屡屡发生，最多时一个下午陷车 14 次。我们查询了新中国成立 40 年来的和田河气象资料，10 月是和田河气候最佳月份，风沙天气最少，气温在 0℃—22℃，是一年中最适合野营、露餐的季节。当我们的车队奔驰在宽达几千米的干涸河床上时，和田河的广阔、荒漠，沿岸胡杨林的冷峻、孤傲，深深震撼着每个考察队员心灵。胡杨分布在荒漠地区和沙漠边缘，生命力极强。维吾尔民谚如是说：胡杨三千年，生长一千年不死，死后一千年不倒，倒地一千年不朽。胡杨其貌不扬，树干千奇百怪，与荒漠相映，让人自然联想到以马匹和骆驼为交通工具跋涉在同一古道上的开拓者们的艰辛。每当我们在皓月下品味香喷喷的手扒羊肉，在篝火旁尽情联欢时，更忘不了作为研究工作者面对 21 世纪西域研究的职责与使命。考察队经过 3 天野营，终于在 10 月 14 日下午到达了神往已久的玛札塔格古堡遗址。

玛札塔格，维吾尔语意为"坟山"。《新唐书·地理志》称"神山"，《宋史·于田传》称"通圣山"，它兀立于大漠之中，气势宏伟。而古戍堡遗址坐落在玛札塔格邻近和田河的东部山崖上，所在地海拔 1246.8 米，戍堡分三重建筑，其平面由两个长方形组成，总面积约为 1100 平方米，堡中心有个约 50 平方米的房屋遗址，离古堡西墙不远有个烽火台，台高 10 余米。据考古学家研究，此古堡建成应不晚于东汉，其下限可能衰废于 11—12 世纪的宗教战争。戍堡中出土大量吐蕃遗物说明，它的极盛时期当在唐代和吐蕃人统治西域期间。引起我们兴趣的是古戍堡所处的地理位置。据《汉书·西域传》和《水经注·河水篇》载，汉至北魏时，于田（今和田）与姑墨（今阿克苏）是直接相通的，相距为"马行十五日"。又据《新唐书·地理志》载，由阿克苏至和田为 930 唐里，约折合 503 千米，这与今天由阿克苏走和田河道至和田的里距基本相同。虽然阿克苏与和田之间早已被塔克拉玛干沙漠阻隔，来往人员非常稀少，但在汉唐时期确曾是塔里木盆地南北绿洲间最便捷的通道，而玛札塔格戍堡，正是当年通道上的重要驿站。至于在玛札塔格四周茫茫沙海里还隐藏什么难解之谜，看来有待进行更精细的考察和发掘。当我们行进在这条今已被人遗忘的丝绸之路南北通道上时，现实的汽车马达声与古代商队的驼铃声，在人们心灵中竟如此奇妙和谐地交织在一起。此情此景，终生难忘。10月15日，考察队经过12小时的颠簸，终于到达和田市。

第二阶段，以和田为中心，考察其周缘有代表性的遗址。时间是10月16日至10月22日。

10月17日考察了约特干遗址、库玛尔山遗址和买利克阿瓦提遗址。约特干遗址位于和田市西11千米处巴格其乡艾拉曼村境内，总面积约10平方千米。目前被纳入保护范围的为一片面积约0.3平方千米、低于地平面约8米的沼泽洼地，其内沟渠纵横，稻田成畦。遗址地面虽无任何古建筑痕迹，但出土历代文物极多，主要有陶俑、陶器残片、古钱、玻璃片、珠子、金质铸像、金片、玉块等。1959年曾出土一只金质小鸭和唐代"乾元重宝"钱，颇为珍贵。遗址为历代挖宝者角逐之地。从清末到民国，汉、维吾尔富豪和官吏雇人寻挖不止，造成大量文物流失或损坏。1892年，法国杜特雷依考察团成员格伦纳从约特干搜集了一批陶俑、玻璃品、陶器和白玉。1896年瑞典探险家斯文·赫定从约特干得到523件各种不同文物，还收集到基督教的金币、十字架和一块金牌。1900年和1906年斯坦因两次在约特干遗址盗掘，得到大量古钱币和各种陶质、金质工艺品。20世纪50年代以来，我国文物工作者也进行了多次考察。据我国学者研究，普遍认为约特干是汉至宋代遗址，但是否即是斯坦因认为的是于阗国都遗址，还待进一步发掘研究。

库玛尔山距和田市约23千米。喀拉喀什河（墨玉河）由南绕山脚流向西北，山为沙砾岩结构，临河一边危崖嶙峋，十分壮观。峰顶有三座坟墓，今在旧址上有一所新盖礼拜寺及两间小屋。山腰崖谷间有一石洞，洞口朝西南，洞前悬崖峭壁直达河床。石洞分上下两层。下层主洞呈拱形，高2—3米，纵深11米，上层洞呈锥形。下宽25米，长4米，高2—5米。上下洞之间，有木梯相连。洞外有伊斯兰信徒修盖房屋多间。山顶坟陵与山腰石洞，历来为伊斯兰信徒朝拜之"圣地"。信徒们坚信圣人胡吉·穆里甫即葬于山巅，而山腰崖谷间石洞则传为其修道之外。参加考察的李吟屏先生向大家介绍了自己实地考察与研究心得，认为库尔玛山当为古于阗国佛教圣地牛角山，亦即《大唐西域记》卷 12 所记的于阗正城西南二十余里的瞿室陵伽山（唐言牛角）（详论可见李吟屏《于阗牛角山新考》，《新疆大学学报》1992 年第 3 期）。

买利克阿瓦提遗址位于和田市南 25 千米处的玉龙喀什河西岸。此处旧称库马提（清代译作胡麻地、胡马地），又作玛利克瓦特、玛利喀瓦特。黄文弼所记"什斯比尔"即为此地。遗址地面有石塔和墙基等建筑痕迹，砍砸石器、陶片俯拾即是。1900 年 10 月 17 日和 12 月 23 日，斯坦因两次来到这个遗址，收集到一些陶片、汉唐古钱、珠子和罗马神话中丘比特塑像，并发现遗址中心被寻宝人挖过的石筑佛塔。新中国成立后新疆考古工作者曾在此试掘，出土烧焦的木柱、泥塑佛像残块、壁画残片等。据历次出土综合分析，遗址上限在汉或汉以前，下限似定在唐代为宜。根据遗址情况和出土遗物可知这里是佛寺遗地。考察队只在此作短时停留，时逢强风劲吹，在风蚀的雅丹土丘旁，间有维吾尔小孩向我们兜售不知是真还是假的玉石块，为这荒凉的遗址增添了点滴时髦的商业气息。

热瓦克佛寺遗址位于洛浦县西北方 50 余公里的库拉·坎斯曼沙漠中。考察队经过颇费周折的联系。终于获准前往参观。只是规定不准摄像、不准照相、不准带笔记本（其实早在 1901 年 4 月 11 日至 18 日，斯坦因在这里盗掘时，拍摄的胶卷加起来的长度达 300 英尺，连同他测绘的遗址平面图在其著作中发表，传遍世界）。尽管如此，10 月 19 日我们还是兴高采烈地驱车前往。由于遗址周围沙丘绵延无际，车不能达，到停车点后还步行近一个小时。踏着软绵绵的沙上，沙漠景观的奇艳给人们似入仙境之感，当然要是遇到沙暴，那就是进入地狱之门啰！热瓦克，维吾尔语意为楼阁，因佛寺中土塔耸立。遗址是一组以塔为中心的佛寺建筑，由正方形院落、院中心圆塔和院外庙宇组成。院墙每边长 45 米，残高 3 米左右。院中心佛塔，塔身圆桶形。残高约 3.6 米，塔基高约 5.3 米。据介绍四面院墙内外壁上均有泥塑佛像和菩萨的残体或残迹。以西墙、北墙居多，可惜我们什么也未看到。近年佛寺遗址遭到毁坏（自然和人为），日甚一日。据国内学者研究，热瓦克兴废时代大致确定在 4 世纪中叶至 7 世纪中叶，也即是魏晋南北朝时期遗址，是佛国于阗幸存至今为数不多的一所佛寺。

10 月 21 日考察了策勒县恰哈乡西约 12 公里处的阿萨古城遗址。古城建于阿萨村的孤山头上，濒临策勒河，尚未经正式科学考察。据伊斯兰文献记载，传说在回历 404 年（1001），喀喇罕王朝汗王萨迪克·博格拉汗派兵自喀什噶尔出征佛国于阗。战争持续了 24 年，最后一代信仰佛教的于阗王汗乐哈力被武力征服，皈依伊斯兰教。但于阗国两名主要将领乔克吐如希和奴克吐如希兄弟率部奋战，兵败后沿策勒河河谷退到恰哈，并在阿萨、阿西修筑了两个扼守峡谷的城堡，据险死守。最后失败，两兄弟率于阗国最后一批佛教徒沿河而上，翻越昆仑山，败退到笃信佛教的西藏。

第三阶段，沿塔克拉玛干沙漠南缘、古绸之路南道东行。由策勒，经民丰、且末到若羌。之后北上经尉犁至库尔勒，再绕和静，过干沟返回乌鲁木齐。时间是 10 月 22 日至 27 日，这一阶段考察重点是著名的米兰遗址。

10 月 24 日考察队到离若羌县城东北约 75 千米的米兰遗址考察，米兰又称磨朗、密远，遗址距米兰镇约 7 千米，在青新公路附近，南临古米兰河道。遗址有 1 座古城堡遗址、3 座佛寺遗址和 8 处佛塔遗址。古城址南北宽约 56 米，东西长约 70 米，城墙残高 4—9 米。城四隅有角楼台基，东、北、西三面城墙各有一个马面。南城墙向外突出部分较大，有防御设施似为角楼。西城墙有缺口，似为城门。城内中间地势低凹。米兰大寺，又称磨朗大寺，1907 年斯坦因曾在寺院遗址中发现一幅以"带翼天使"知名的佛教壁画，目前仍残存有佛塔及院墙。学者重点考察了自米兰至敦煌阳关的丝绸之路走向，学者们还确认了 1989 年新发现的"有翼天使"壁画系属于斯坦因编号 M. Ⅲ号遗址，并对汉代伊循城位置作了进一步探讨。野外考察后考察队又寻访了从阿不旦湖南岸阿不旦村（当地人又称老米兰）迁居米兰的罗布老人库尔班·库都鲁克，老人耳聪目明，思路清晰，一点不像已是 105 岁高龄的人。据老人称，他当年曾见过一个叫切尔诺夫的斯文·赫定考察队成员。据林梅村先生查阅 *Dabbs：History of the Discovery and Exploration of Chinese Turkestan* 所知，切尔诺夫确有其人，系沙皇尼古拉二世为斯文·赫定派的保镖，东正教徒。1899 年，随斯文·赫定赴新疆，1900 年 5 月赫定派他赴藏北考察，不久被塔什干俄国驻军司令召回，应赫定请求，沙皇又将其派回，随赫定考察西藏后才返回俄国。罗布人原是生活在孔雀河、塔里木河及罗布泊附近的土著居民。斯文·赫定、斯坦因、黄文弼等到罗布泊探险、考古，都曾有罗布人做向导，曾为斯文·赫定担任向导的罗布人奥尔得克，更因其在 1900 年偶然发现了沉睡千年的楼兰古城而知名。

在返回乌鲁木齐途中，考察队于 10 月 25 日考察了位于尉犁县境的清代蒲昌城遗址，10 月 27 日参观了和静县的南路土尔扈特王府——满汉王府。

三 面向 21 世纪西域考察与研究评议

与会中外学者认为此次会议和考察是成功的。大多数代表说，这次大规模活动，几乎完全是按预定计划行事，说明此次活动筹备工作的周密、认真和细致。会议和考察成功之处主要表现在：

第一，充分显示了中国学者，特别是新中国成立后中国学者新疆考察和研究的巨大成就，表明我国学者，特别是近十多年来我国青年学者在许多领域无论在深度和广度上都达到和超过了国际研究水平，从而改变了过去国外一些学者言及新疆考察好像除了 19—20 世纪初一些外国考察家和探险家的活动以外，中国学者无所作为的片面认识。

第二，为中外研究新疆的学者（包括历史学、考古学、民族学、语言学、文化学、地理学、边疆研究等）提供了一个难得的直接考察和相互交流的机会，使学者们更加深刻体会到新疆研究的学术价值和现实意义。特别是与会的绝大多数中国学者是目前研究新疆的第一线骨干和有前途的中青年学者，这将极大地推动我国新疆历史研究的开展。

第三，国外学者主要是瑞典学者向会议介绍了瑞典收藏的有关我国新疆的文献资料，以及整理状况，为我国学者进一步开展新疆研究提供了有价值的信息。

第四，中外学者合作应是今后新疆考察的重要形式之一。只要符合我们国家利益并有利于学术研究发展，就应该积极推动。同时也应健全必要的、合理的规章制度，以利于中外学术交流和学术合作的健康发展。学者们普遍认为做好这一工作正是继承和发扬了中国边疆史地研究的爱国主义和实事求是的优良传统。这次活动至少从一个侧面积累了经验。

通过会议和考察，在学术上至少在以下几方面拓宽了研究者视野：

第一，丝绸之路南北通道研究。丝绸之路研究久盛不衰。但丝绸之路新疆段的研究大都集中在东西走向的北路、中路和南路研究。对丝绸之路南北通道研究近年虽有陈华主编《和田绿洲研究》（新疆人民出版社1988年版），以及殷晴《古代于阗的南北交通》（《历史研究》1992年第3期）等有影响的著作和论文面世，但力作尚鲜。这次学术考察和田河河道由北向南直插和田，使中外学者对这条横贯塔克拉玛干沙漠的南北通道增加了实感，无疑将激发学者们研究的兴趣，可以预料，以古代于阗国为中心的丝绸之路南北交通研究将会有新的进展。据悉与会的几位中国年轻学者正以实地考察所得，结合古今文献和中外图例，对和田河通道进行深入研究。

第二，古代新疆绿洲文明的综合研究。对焉耆、龟兹、姑墨、于阗、精绝、疏勒、楼兰等西域古国研究虽代不乏人，但从文献、考古、民族古文字、地理等方面进行综合研究还有待学者们开拓，唯此，新疆研究才可能达到新高度。我们还应看到，绿洲文明研究还有极大现实意义。人类活动受环境变化的影响，新疆沙漠化问题十分突出，尤其是塔里木盆地周缘地区、和田河流域。上述地区许多著名古代城镇衰落，或消失在沙海之中，或成了盐碱荒漠，少有人烟，都与沙漠化有关。因此，为了认识绿洲，扩大绿洲，对典型的沙漠化地区进行综合考察势在必行，而遗址、古迹当然成了考察的重点对象，因为遗址的形成本身就是沙漠化的结果。古代新疆绿洲文明研究又是一项极具现实生命力的研究领域，值得学者们上下求索，乃至付出毕生精力。

第三，19—20世纪外国探险家在新疆考察活动研究。这一领域曾是帝国主义侵华史研究的一项重要内容。对这一时期外国探险家在新疆考察中，损害中国主权，私携文物出境的行径，使每一个中国人想及此，总有一种民族感情受到莫大伤害的耻辱感。对此，我们不会忘记，也不该忘记！因此，应该进一步深入研究诸如普尔热瓦尔斯基、科兹洛夫、谢苗诺夫·天山斯基、波珞宁、斯文·赫定、斯坦因、伯希和、勒柯克、大谷光瑞、橘瑞超、华尔纳等人的考察活动，揭露和批判这些人的活动实际上是适应帝国主义对华侵略，争夺势力范围需要的实质。但是，作为研究者应认识到，外国探险家们尽管每个人的目的不同、方式各异，其所作所为或可称道或被谴责，但应该承认，他们的考察实录和考察成果，均无一例外地成为可供后人借鉴、研究、评述的历史遗产。我们对他们的研究还很不够，研究者当然知道已有中译本的英国记者彼得·霍普科克《丝绸之路上的外国魔鬼》一书，但更具研究价值的如早在 1963 年在海牙出版的 Jack A. Dabbs 的 *History of the Discovery and Exploration of Chinese Turkestan* 一书至今尚未见中译本问世。外国学者有关著作翻译评介工作有待大力加强，由中国学者撰写的有分量的研究专著至今尚无。因此学者们呼吁，应下大力气开展这一领域的研究，任何人为地设置新的研究禁区显然无助研究的深入，也与当今改革开放的时代大潮相悖。

（本文首发于《中国社会科学》1993 年第 2 期）

认识斯文·赫定、研究斯文·赫定

　　瑞典探险家斯文·赫定（1865—1952）对广大中国读者来说还是一个陌生的名字，但凡稍有中国近代史知识的人，也许听说过这个名字。早年当我还在大学时即属此类，只是对斯文·赫定的事迹知之甚少。20世纪六七十年代，偶尔得到一册斯文·赫定的《亚洲腹地旅行记》，始是随意翻阅，很快被斯文·赫定的探险经历所吸引，留下了十分深刻的印象。进入20世纪80年代，自己也加入新疆历史研究者之列，获得了到新疆考察的实际经历，对斯文·赫定的探险生涯也由稍知到有所知，了解斯文·赫定、认识斯文·赫定的愿望日益强烈，甚至遐想有朝一日到远在天边的瑞典去寻访斯文·赫定生活的足迹。90年代初，我有幸参与组织一项与瑞典学者联合进行的名为"西域考察与研究"的科研项目。为此，1992年5月，我作为中国学者的代表到了斯文·赫定的故乡——瑞典首都斯德哥尔摩。商谈并落实合作中各项事宜当然是此行主要任务，但同时也圆了多年来我寻访斯文·赫定生活足迹的梦。

一　斯文·赫定墓前的遐思

　　斯德哥尔摩是斯文·赫定生之地、死之地。斯文·赫定自中亚探险回国受到市民热烈欢迎的斯德哥尔摩大街依然整洁宽敞，斯文·赫定发表演说的瑞典皇家科学院礼堂仍然金碧辉煌，只是在壁端挂上了偌大的斯文·赫定油画像，与众多瑞典科学家画像并列。斯文·赫定终身未婚，1952年逝世后，他的遗物按其遗嘱全部存放于瑞典民族学博物馆，属于皇家科学院。我们的合作伙伴沃尔特斯特先生既是瑞典民族学博物馆研究人员，又是斯文·赫定基金会负责人之一，在他的陪同下，我们参观了收藏于瑞典民族学博物馆的斯文·赫定藏书和遗物。在博物馆库房里顶天立地的书架上排放着斯文·赫定生前藏书，即便浏览一遍，也非易事。他还有一个癖好，即保留自己探险生涯一切可保留的物件，既有当时中国政府所发的公文、执照、政府官员的函件，也有探险时使用的仪器、用品和各种各样的购物单据、雇员手写的收条等。我们在一个文件夹中发现了30年代初北京东单邮局寄发挂号信的收据。我想在我们的邮政博物馆里也不可能有此物件了。

在一间办公室的角落，沃尔特斯特先生指着一张绿绒面大办公桌说，这是斯文·赫定使用过的，桌子旁依墙放着一张斯文·赫定油画像，说是正准备布置一间斯文·赫定书房用作陈列。我们饶有兴致地坐在书桌前，翻阅斯文·赫定曾使用过的书照相留念。

1992年5月23日，我们造访了斯德哥尔摩市区阿道夫富鲁德珂舒尔卡大教堂。斯文·赫定家族的墓地即在教堂的庭园里。

在主人陪同下，在斯德哥尔摩、乌布萨拉，我们参观过好几座教堂。富丽豪华、肃穆庄严是瑞典教堂的共同特点，舒尔卡大教堂亦不例外。当我们步入穹形顶大礼拜堂，因不是礼拜日，偌大的礼拜堂里只有稀疏几个信仰者在祈祷。正与他们心中的上帝在虔诚对话，周围鸣响着管风琴低沉的音乐声。即使是无神论者的我，也为这种特殊气氛所感染，好似置身于一个神圣又神秘的世界，一时竟不知是在凡间还是在神境。只是当陪同人员指着高悬在教堂洁白墙体上一件饰物时，才使我从冥想中回到了现实。这件饰物原是瑞典国王授予斯文·赫定贵族头衔的证书，那是一张绘有精美图案和国王亲笔签名的大证书。

斯文·赫定家族的墓地占地很大，四周围有雕花精致的古铜色铁栅栏，斯文·赫定家族成员的墓碑，耸立在草坪与树荫之间。斯文·赫定的墓碑最高大，浅黑色大理石墓碑上端饰有金色的族徽标记，据说这是斯文·赫定贵族身份的体现。墓碑后方是一棵枝叶繁密的大树，树影的斑驳增添了整个墓地的幽静。

身置其中，在这历史与现实之间，不禁使人遐思万千。

斯文·赫定一生忙碌，奔波于中国新疆、西藏的沙漠、荒原；埋首写作，著作等身，其著作目录所列即有 782 篇部之巨，给世界留下了一份可贵的精神财富。

可是，斯文·赫定的探险生涯又是在 19 世纪末西方列强侵略中国的历史大背景下展开的，因此难免打上时代的烙印，长期被中国人归入丝绸之路上外国魔鬼中的一员；加之，从第一次世界大战到第二次世界大战，他都是德国执政者的忠实支持者，他的这种"德国情结"使得"亲纳粹的恶名"一直伴他走到生命的尽头。

人们常说，盖棺论定，可是斯文·赫定却是盖棺难以论定。

不管世人评说如何相左。我以为斯文·赫定一生探险生涯，有两件事是值得大书的。这就是：楼兰古城的发现和与中国进行的科技合作。

二 楼兰古城的发现

唐代大诗人李白在《幽州胡马客歌》一诗中高吟："双双掉鞭行，游猎向楼兰，出门不顾后，报国死何难。"诗中提到的楼兰即是西域三十六城邦之国中的楼兰国。它是早期丝绸之路的一个必经之地，在我国边疆历史的发展上曾占有过重要地位。但这个曾有数千人口、商业经济相当繁荣的城邦小国，在活跃了几个世纪之后，突然从历史上消失不见了，沉睡于沙海长达千年之久，直到 1900 年春天才被发现。

楼兰遗址的发现过程，经过近一个世纪中外学者的研究，日显清晰，大体可分为如下三个进程。

一是，楼兰遗址的意外发现。

1899 年 6 月 23 日，斯文·赫定开始第二次新疆探险，这次探险一直持续到 1901 年年底。1900 年 3 月 27 日，斯文·赫定和他的随从哥萨克人切尔诺夫、罗布人奥尔德克和法苏拉等离开罗布荒原的阿提米西布拉克南行。次日，也即是 3 月 28 日，走在前面探路的奥尔德克和切尔诺夫突然发现几间不知什么人留下的残破木板房兀立在 2.5 米高的台地上，他们在木板房遗址里拾到许多中国古钱、两把铁斧、几块木板。当时斯文·赫定似乎尚未意识到他们已走进了发现楼兰遗址的大门。

二是，楼兰古城的发现。

斯文·赫定一行因存水有限，并未在遗址停留，而是继续穿越沙漠，

南行了二十余公里，到达一处洼地，看到洼地生长几株柽柳，断定洼地下
有泉水，正准备挖井取水时，发现铁锨不见了。奥尔德克说是他将铁锨遗
忘在刚才木板房遗址里了，他请求回去寻找。奥尔德克拿着斯文·赫定的
罗盘针走后两小时，突然刮起沙暴，直至次日（3月29日）早晨仍未见
回来。斯文·赫定一行只好继续向西南前进。晚上正在扎营时，奥尔德克
奇迹般地出现在面前，不仅找回了铁锨，还带来了两块木雕板。奥尔德克
告诉说，在沙暴中迷路而走进一座土台，只见有许多房屋遗址和废墟，沙
土中埋着许多雕刻精美的木板，他拾了几枚古钱和两块木雕，冒着大风朝
西南方向赶来。斯文·赫定察看奥尔德克带回的木雕，不禁为雕刻精美的
涡卷纹和树叶纹的装饰所震惊，凭着多年探险经验，斯文·赫定断定这是
一次难得的发现，应该马上返回古城遗址。然而，只剩下够一两天饮用水
的现实，迫其又放弃了返回的计划。

三是，楼兰古城探宝。

1901年3月3日，斯文·赫定备足了装备带领奥尔德克一行，再次到
达一年前奥尔德克拾到木雕板的地方，把营地扎在一座近十米高的佛塔遗
址下，这是那片有精美木雕的巨大遗址的最壮观的建筑，日后它成为楼兰
古城的象征。斯文·赫定确定了古城坐标，他们在古城遗址待了7天，画
出了遗址里19间房屋的地基。斯文·赫定还宣布谁发现有文字的木板和
纸片，就给谁重奖。在几天时间里共拾到西汉五铢钱、王莽时大泉五十等
钱币，36张汉文文书和121枚怯卢文木简，以及一尊高约1米雕刻精美的
木刻立佛像等大批珍贵文物。后经过对怯卢文木简研究，发现怯卢文木简
中多处出现"Kroralna"这个地名，通过解读据此判定这座古城就是淹没
千年的楼兰城——楼兰王国的首府。

对于楼兰遗址发现的经过，斯文·赫定在《罗布泊探秘》一书第44
章"楼兰遗址的建筑"中如此自述："我们首次发现人类居住的遗迹是在
1900年3月28日，当时我正在作第一次跨越罗布泊沙漠的旅行。就在今
天下午，路中出现了大量陶器碎片，直径10—20厘米。此后不久，我们
又遇到了两间木房子的遗址，房子位于平台样的黏土台地上。我们在那里
拾到了一些木刻、黏土祭祀钵，还有大量陶罐、陶盘的碎片，中国铜币和
一种铜针等物品。由此向南58°东步行大约一小时，另有一座圆顶泥塔，

已经损坏得相当严重。它的南 71°东、北 59°东和北 88°东还有一座类似的泥塔。"① 关于楼兰古城的发现和次年重返古城探宝，斯文·赫定在自传《我的探险生涯》第 24 章"沙漠中的古城"、第 36 章"罗布泊古城"中也有详尽记述。②

从上述学者的研究和斯文·赫定自述中可以看到，在偶然的情况下斯文·赫定一行发现了楼兰遗址中的一处，之后奥尔德克同样在偶然的情况下走进了楼兰遗址中的楼兰古城遗址，一年后斯文·赫定率领奥尔德克等人重返楼兰古城遗址，进行了为期 7 天的探宝。从所获的佉卢文木简中，断定此处为楼兰，并向全世界宣布。此举不仅为斯文·赫定带来了世界性声誉，自此之后，外国探险家纷至沓来。在楼兰遗址遭到破坏的同时，楼兰考古、楼兰研究成为西域研究，乃至世界汉学中的一门显学。

楼兰遗址或楼兰古城的发现，斯文·赫定当然占有极其重要地位，称他为楼兰的发现者也不为过，同时在发现楼兰的过程中奥尔德克的作用也不容忽视。

三 中外科技合作的先驱

1987 年，中国科学技术协会委托中国地质学会、中国气象学会、中国地理学会、中国考古学会、中国地球物理学会和中国科学技术史学会联合举办纪念活动，于 1987 年 12 月 2 日在北京科学会堂召开了纪念中瑞西北科学考察团 60 周年座谈会，并出版了纪念集。时过五年，正当中瑞西北考察团 65 周年之际，于 1992 年 10 月，瑞典驻华大使馆在北京又举办了"中瑞西北科学考察团回顾展"，这一活动得到中国社会科学院中国边疆史地研究中心等学术机构的鼎力支持。回顾展后，中国边疆史地研究中心、新疆西域艺术研究会和瑞典民族学博物馆、瑞典斯文·赫定基金会联合主办的"西域考察与研究"国际学术讨论会在乌鲁木齐召开。会后与会部分中外学者又进行了沿和田河河床由北向南穿越塔克拉玛干沙漠的学术考察

---

① ［瑞典］斯文·赫定：《罗布泊探秘》，王安洪、崔延虎译，新疆人民出版社 1997 年版，第 793 页，该书英文版于 1905 年斯德哥尔摩出版。

② ［瑞典］斯文·赫定：《我的探险生涯》，孙中宽译，新疆人民出版社 1997 年版。需要说明，此书还有李述礼译本，书名《亚洲腹地旅行记》，上海开明书店 1949 年版。

活动。

　　活跃于 20 世纪 20—30 年代的一个中外联合学术考察团，经历了半个多世纪时光的冲刷，当人们的价值观念发生了翻天覆地的变化之后，仍为中国学术界所重视、所缅怀，可说在中国学术史上是唯一的。那么她的永恒的价值是什么？真如 1987 纪念活动所突出的主题——"开创中外科技合作的先驱"，而在开创了这一先驱的先驱者中就有斯文·赫定。

　　事情的缘起是这样的：1926 年冬，斯文·赫定受德国汉莎航空公司委托，率领一支由瑞典、德国、丹麦学者组成的探险队到中国，为开辟欧亚航线（上海到柏林）作一次横跨中国内陆的考察。这次活动遭到北京学术界的一致反对。经过近半年的谈判，斯文·赫定终于与北京的中国学术团体协会就即将进行的考察达成协议如下：组成中瑞西北科学考察团，5 名中国学者、4 名中国学生参加考察团活动；当时北京大学教务长、著名学者徐炳昶（旭生）和斯文·赫定分任中瑞双方团长；考察团所采集、发掘的一切动植物标本、文物、矿物样品等，都是中国的财物。中国的斯文·赫定研究专家杨镰教授认为：这个协议可以说是中国现代科学史上的第一个平等条约，成立中瑞西北科学考察团及签订这样一个协议，可以看成中国学术界成熟并形成社会力量之一的标志。

　　1927 年 5 月 20 日清晨，斯文·赫定和他的中国同事徐炳昶率领一个队伍庞大、装备精良的驼队从包头出发。这支我国历史上最大的西北部考察队伍，包括 28 名中外团员，3 名采集员，30 多名蒙古、汉各族工人，开始了一次艰巨而空前的科学考察活动。直到 1935 年 4 月中旬斯文·赫定返回斯德哥尔摩，考察工作才告结束。历时八年的考察可分三个阶段：第一阶段（1927—1928），其目的是获得对中国西北地区的了解，以便开通欧洲和中国之间经过这一地区的航空联系；第二阶段（1928—1933），主要是进行多学科各自独立而又相互联系的科考工作；第三阶段（1933—1935），重点之一是设法开通中国西部和西北部地区的公路交通。全部考察活动涉及内蒙古西部、新疆、甘肃的河西走廊祁连山一带、青海北部柴达木盆地周缘以及西藏北部、昆仑山南麓。

　　中瑞西北科学考察团所取得的丰硕成果，考察实践中充满传奇色彩的经历，远非本文篇幅所能容纳。为便于读者了解，介绍一些相关资料也许是必要的。瑞典方面的研究成果汇集为《中瑞西北科学考察团报告集》，共 11 大类 55 卷，自 1937 年出版第 1 卷，至 1992 年才出齐。斯文·赫定还有一个将自己探险生涯写成通俗性考察记的好传统，对 1927—1935 年的探险经历，斯文·赫定先是写出《大马的逃亡》《丝绸之路》和《游移的湖》三部曲，之后又写了《亚洲腹地探险八年（1927—1935）》，对此次活动进行了深入浅出又全景式的记述。这四种书中，《大马的逃亡》由凌颂纯、王嘉玲据日文本译成汉文，以《马仲英逃亡记》为书名，1987年由宁夏人民出版社出版。其他三种中译本均收入新疆人民出版社出版的"西域探险考察大系"之中，分别于 1992 年、1996 年和 2000 年出版。随着对外国探险家研究的深入，斯文·赫定著作中译本的出版也日见增多，据我所见有：《我的探险生涯》（有孙仲宽译本，杨镰整理，新疆人民出版社 1997 年版和李宛蓉译本，中国青年出版社 2002 年版）；《戈壁沙漠之路》（新疆人民出版社 2001 年版）；《戈壁沙漠之谜》（许建英译，喀什维吾尔文出版社 2005 年版）；《帝王之都》（于广达译，中信出版社 2008 年版）；《从紫禁城到楼兰——斯文·赫定最后一次沙漠探险》（王鸣野译，吉林出版集团有限责任公司 2009 年版）。有关斯文·赫定的评传，则可参阅邢玉林、林世田《探险家斯文·赫定》（吉林教育出版社 1992 年版）这是中国学者所撰第一本传主的评传。还有一本评传是《斯文·赫定》是由李军、邓森合著（中国民族摄影艺术出版社 2002 年版）为"走进中国西部的探险家"系列丛书选题之一。另外，杨镰教授有关斯文·赫定的研究成果是值得重视的，他所著《亲临秘境——新疆探险史图说》（新疆人民出版社 2003 年版）以及《荒漠独行——寻找失落的文明》（中共中央党校出版社 1995 年版）；《最后的罗布人》（中共中央党校出版社 1999 年版）；《发现西部》（新疆人民出版社 2000 年版）；《发现新疆——寻找失落的绿洲文明》（山西出版集团·北岳文艺出版社 2009 年版）等作品中，都有值得一读的有关斯文·赫定活动与评议精彩之笔。

四　认识斯文·赫定、研究斯文·赫定

斯文·赫定是一个复杂的历史人物，一生经历大起大落，毁誉参半。在他早期探险生涯中，楼兰的发现使他赢得了世界性声誉，可探险过程中

劫掠文物、肆意发掘古代遗址，都是损害中国利益、侵犯中国主权的行为，但是斯文·赫定确实为今天的西域研究留下了一份不可替代的、珍贵的历史遗产，此为一。二是，在1927—1935年中瑞西北科学考察团全部活动中，斯文·赫定能顺应时代潮流，与中国学者在互相尊重的前提下，建立了平等的合作关系，特别是斯文·赫定通过他在中国的经历能认识到："从前有些西方旅行家恶劣地违犯中国国民的感情。因此遇到困难的事，在我们中绝无所闻。中国人在他们国内是在家里，外国人只是客人，如果那些客人对于自身的利益，没有适当的机变和智慧，用宽宏合理的态度去对待他们的中国主人，由他们不好的态度，自身必食其报。就我所关涉的说，我将永不忘记这八年的快乐时光，我能有这种特例去与中国的一些最特殊的学者在野外和北平工作，我抱着同情及感谢终身愿记着他们中的每一个人。"[1] 因此，在他作为中瑞西北科学考察团瑞方团长的科学实践中能恪守双方协议，尊重中国学者，真诚合作，博得中国同行的尊敬。考察团中方团长徐炳昶教授称赞斯文·赫定"老而益壮，实足是全团的一种兴奋剂。全团工作良好，他实在应属首功"[2]。由谈判的对手变成合作伙伴，双方成功合作的关键是在平等基础上彼此尊重、理解和支持。

斯文·赫定向往中国悠久、灿烂的文明，热爱新疆的山山水水，他的"中国情结"终其一生从未消退。正如当有人问他为什么终身未婚时，他回答道："我已经和中国结了婚！"

我想，认识斯文·赫定，不要忘记他所处的时代；研究斯文·赫定，应坚持实事求是的态度，该批判的批判，该肯定的肯定。

不知大家是否认同我的见解。

（本文首发于马大正《中国边疆研究论稿》，黑龙江教育出版社2002年版）

---

① 1933年斯文·赫定为孙仲宽译《我的探险生涯》中译本所写之自序。
② 《徐旭生西游日记》第一册，宁夏人民出版社2010年版，第13页，西北科学考察团丛刊之一。

芬兰探险家马达汉的新疆考察

一　马达汉其人与他的新疆考察

近代以来，外国探险家在新疆的考察活动是中国边疆探察史研究中的热点内容，多为学者关注，也日益成为普通读者关心的热点。但芬兰探险家马达汉的新疆考察，长期以来却鲜为人知，少有记述。在2001年出版《没有航标的沙海之旅》，2003年出版《亲临秘境——新疆探险史图说》，2006年出版《新疆：探险家眼中的新疆》等著作，均未有马达汉新疆考察的记述。

马达汉，1867年出生在沙皇俄国的藩属芬兰大公国，是瑞典贵族后裔。毕业于著名的沙俄皇家骑兵学校，曾在圣彼得堡当过沙皇的宫廷近卫和御马官。1905年，马达汉作为皇家近卫骑兵团的中校军官志愿前往中国辽东半岛参加日俄战争。俄国战败后，马达汉回到芬兰不久，就接到俄军总参谋部指令，要他到中国西部执行一项为时两年的军事考察任务，"就是进行一次长途旅行：从俄属突厥斯坦到中国的新疆，然后继续穿过中国西部以及甘肃、陕西和山西等省，直到终点北京。这项指令的宗旨在于调查中国北部内陆地区的情况收集统计资料以及执行特殊的军事任务"，同时还要求了解"中央政府中的精英们在推行既得新政时遇到了来自各个方面的阻碍"，以及"中央政府的新政对全国边远省份产生何种程度的影响，广大人民群众如何对待正在进行的革新进程"[①]，并从军事角度考察新疆和西北边境广大的人烟稀少地区，以便为沙俄进一步侵略中国制订战略计划。为了掩盖其侦察活动，马达汉以俄属芬兰国男爵和探险家的身份，作

---

① ［芬兰］马达汉：《致读者》，载《马达汉西域考察日记（1906—1908）》，王家骥译，中国民族摄影艺术出版社2004年版，第11页。

为法国探险家伯希和科考队成员从中亚进入新疆单独行动。出发前，马达汉在芬兰接受了"芬兰—乌戈尔学会"和芬兰国家博物馆馆筹备委员会"安特尔委员会"的委托，"收集考古学和民族学资料以及收藏手抄本残片""关注居住在中国北方的鲜为人知的少数民族和部落"。①

1906—1908 年，芬兰探险家马达汉骑马从中亚进入新疆。他的足迹遍布南疆和北疆，又从新疆走过河西走廊，到西北重镇兰州，然后经陕西、河南、山西、河北到达北京，行程 1.4 万余千米，考察新疆是马达汉中国之行的重点。马达汉原名 Corl Gustav Monnerheim，马达汉是他的汉语名字，是喀什噶尔的中国官员袁道台为其签发护照时取的名，按其姓氏 Monnerheim 的第一个音节 ma，第三音节 heim 的近似音 han，取"天马行空，直达霄汉"之意，抑或顾名思义为：马姓者来到大汉的国家。考察新疆是马达汉中国之行的重点，马达汉新疆考察正是从喀什开始，在南疆考察了喀什噶尔、叶尔羌、和田、阿克苏，翻越木札尔特冰川，进入特克斯河，考察伊犁地区，再次翻越天山进入巴音布鲁克草原访土尔扈特部落，由喀喇沙尔到迪化（乌鲁木齐），继续考察奇台、吐鲁番、巴里坤、哈密，进入河西走廊。马达汉所选择的路线往往偏离传统的"丝绸之路"，时而翻山越岭，时而溯源逐流，穿越人迹罕至的地方。马达汉沿途测量地形，绘制地图，记录气象水文数据，拍摄桥梁和军事设施等。每到一处，马达汉广泛结识各级地方官吏，参观游览，了解军事、经济、民政等情况。马达汉还特别注重考察各少数民族的情况，专程拜访了一些民族首领和部落头人，了解少数民族的历史变迁和现状。马达汉对南疆和北疆的险关要隘和军事重镇都作了详细的考察并绘制了地图。与此同时，马达汉也不忘科考任务，在和田古城废墟和吐鲁番等地进行了发掘，还在各地广泛收集古代经文手稿、木牍、碑铭等文物。在赴北京途中，马达汉专程到山西五台山拜见十三世达赖喇嘛（当时达赖喇嘛因英国武装入侵西藏而避难于此）。马达汉代表沙皇对十三世达赖喇嘛的处境表示关注和同情，达赖喇嘛则交给马达汉一条白色哈达，请他转献给沙皇。在北京，马达汉完成了呈交俄军总参谋部的《奉陛下谕旨越"新疆"和中国北部诸省到达北京之旅

---

① ［芬兰］马达汉：《致读者》，载《马达汉西域考察日记（1906—1908）》，王家骥译，中国民族摄影艺术出版社 2004 年版，第 11 页。

的初步调查报告》（简称《调查报告书》），并整理了日记，誊清了草图。《调查报告书》长达 173 页，并附有数十幅自己绘制或收集的从新疆到内地重要道路、河川和城市方位图，以及有关各省的政治、经济、军事、地理、历史和民族的统计资料。1908 年 10 月，马达汉从哈尔滨乘火车沿西伯利亚大铁道到圣彼得堡。不久，即获沙皇尼古拉二世的召见。马达汉"引人入胜"的报告，使原定 20 分钟的晋谒延长了一个小时。这种"殊荣"为马达汉日后的晋升铺平了道路。

1914 年第一次世界大战爆发，马达汉在波兰和罗马尼亚的土地上领兵与德国军队作战；并从一个皇家骑兵团上校团长跃升为一名俄国集团军中将司令。1917 年，俄国十月革命爆发，马达汉作为沙俄军官亡命回到芬兰，组织白卫军在芬兰内战中击败赤卫军，建立芬兰共和国，担任国家摄政官。芬兰作为北欧小国，地处东西方交界，历来是俄国与瑞典、德国争夺势力范围的对象，数百年来一直处于附属地位，先是瑞典王国的东方桥头堡，后是俄国的藩属大公国。芬兰独立之路命运多舛，历经内战、苏芬战争和第二次世界大战，并且作为战败国忍受割地赔款的屈辱，但保持了独立地位。马达汉在俄国从一名骑兵到沙皇近卫，从骑兵上校团长到集团军中将司令，历练了作为一个军事家和政治家的品格。马达汉政治上反苏反共，但又具有高度的民族爱国主义精神。每当芬兰处于转折关头，他都能够受命于危难，并从芬兰的长远利益出发，审时度势，引导芬兰走上和平独立之路，从而获得了国家授予的最高军衔——芬兰元帅。1944 年 8 月 4 日马达汉在 77 岁高龄时受芬兰议会任命，担任共和国总统。1946 年 3 月 4 日，马达汉因病辞去总统职务。1951 年 1 月 28 日马达汉在瑞士逝世，享年 84 岁。1960 年，芬兰人民为纪念马达汉，在首都赫尔辛基议会大厦前的马达汉大街广场上，竖立了一尊马达汉元帅铜像。2001 年 9 月 3 日，俄总统普京访芬，并到位于赫尔辛基市区的赫塔涅米墓地向马达汉献了花圈，这是历史上俄国元首第一次向马达汉墓献花圈。

二 马达汉与他同时期外国探险家的新疆考察

19 世纪下半叶至 20 世纪初，是世界探险史上伟大发现的时代，但唯独深处亚洲内陆心脏地带的广袤高原荒漠，包括今天中亚各国、中国西北和蒙古高原，特别是辽阔的新疆大地，对欧洲地理学界来说还属于探险考察的盲点，正如曾亲历新疆探险的著名瑞典学者贡纳尔·雅林所言："对探险家来讲，新疆一直是一块宝地，探险家们互相竞争，企图填补这个非常难于进入的地区的空白。""在新疆地区大部分探险活动发生在 19 世纪后半叶和 20 世纪前 30 年。"他还指出："对新疆的探险活动来自这个国家之外的地区。探险家们中重要的人物有俄国人普尔热瓦尔斯基，英国人斯坦因，德国人克伦威德尔和勒柯克，法国人伯希和，最后但并不是最不重要的还有瑞典的斯文·赫定。如果把所有的探险家都包括进来，这个名单会非常长。有些探险家并没有科学研究的背景，在有些情况下他们到新疆旅行与强权政治、战略利益相联系，或仅仅是出于好奇。"①

如果我们将时段定位于 20 世纪最初的 10 年，这 10 年间外国探险家到新疆考察重要者计有：

1900—1901 年，斯文·赫定对罗布荒原进行了唯一的一次踏勘测量，1901 年 3 月斯文·赫定发现了楼兰古城。

1900—1901 年，斯坦因先后发现了丹丹乌里克和尼雅遗址。

1904—1905 年，勒柯克在吐鲁番、哈密进行盗掘，柏孜克里克等千佛洞壁画被揭取殆尽。

1905—1906 年，美国地理学家亨廷顿到新疆考察。

1906 年，斯坦因第二次到塔里木，再次发掘了尼雅遗址，并抵达楼兰古城。

1906—1907 年伯希和在新疆巴楚的图木舒克、库车的苏巴什和楼兰遗址进行盗掘，此后通过白龙堆沙漠前往敦煌，是敦煌劫经的始作俑者。

1906—1907 年，日本军人日野强，到新疆进行军事考察。

1906—1908 年，芬兰探险家马达汉进行新疆考察。

1908—1911 年，日本大谷探险队成员橘瑞超到新疆，收集佛教东渐文物，他沿塔里木东南考察，进入和阗、尼雅、米兰等遗址，他最重要的收获就是《李柏文书》的发现。

为了更好认识马达汉的新疆考察，我们选择与他同时期的两次考察做一简要回述、考辨和比较，即一是马达汉一度试图成为伯希和考察团成员的伯

---

① ［瑞典］贡纳尔·雅林：《重返喀什噶尔》，崔延虎、郭颖杰译，新疆人民出版社 1999 年版，第 155、156 页。

希和新疆考察活动，二是与马达汉新疆考察同时期的日野强的新疆考察。

马达汉新疆考察的主要任务是军事侦察，为掩盖此目的，俄军总参谋部建议马达汉参加法国探险家伯希和的探险队，并使用法国护照。马达汉参加伯希和探险队的安排是由俄法两国政府商议后，在圣彼得堡与伯希和一起拟定的，双方确定，马达汉作为探险队队员，完全有独立工作和支配设备、雇用人员的权力，实际上马达汉是作为一名单独行动的探险队去中国西部，进行军事考察活动的。1906 年 7 月马达汉到塔什干与伯希和会合，但合作并不和谐，马达汉与伯希和探险队从奥什出发到新疆喀什噶尔，一路同行了两个星期，之后，他们就分手了，马达汉开始自己独立的新疆考察活动。① 有的著作中说，"沙俄地方当局为他们（指伯希和——引者）找到了可供雇佣的哥萨克护卫队。卫队长是芬兰裔男爵马达汉，此人于中途告别伯希和而独自从事考察，他于 1939 年出任芬兰军队的元帅，于 1944 年又担任芬兰共和国总统。当时他是奉沙俄的命令，赴中国西部刺探军情和掠夺文物的。后因十月革命而无法返俄，只好回芬兰"。② 这段文字中史实失误至少有如下三处：其一，马达汉未担任过伯希和探险队哥萨克护卫队的卫队长；其二，芬兰政府授予马达汉芬兰元帅是 1942 年马达汉 75 岁寿辰之时，而不是 1939 年；其三，马达汉新疆考察结束于 1908 年，之后作为俄军高级军官参加了第一次世界大战。十月革命后，1917 年 12 月 6 日芬兰宣布独立，12 月 18 日，马达汉回到赫尔辛基，投身于国家独立的事业，而不是"无法返俄，只好回芬兰"。

马达汉新疆考察的成果由于其军事机密的特殊性，其文字和图片资料尘封了近半个世纪才得见天日，可为中国学人所关注几乎又过了半个世纪，而伯希和的此次持续了近 3 年的考察却为他赢得世界声誉，尽管他在新疆图木舒克、库车的盗掘，特别是后来成为敦煌千佛洞劫经的始作俑者，将永远被钉上历史的耻辱柱！③

---

① 关于马达汉与伯希和合作中的不和谐，参见王家骥《马达汉》，中国民族摄影艺术出版社 2002 年版，第 40—46 页。

② 耿昇：《译者的话》，载［法］伯希和等《伯希和西域探险记》，耿昇译，云南人民出版社 2001 年版，第 5 页。

③ 对伯希和新疆考察的评议，可参阅耿昇译《伯希和西域探险记》一书的《译者的话》，第 1—41 页。

日野强的新疆考察与马达汉新疆考察有惊人的相似之处，其一，都是受本国军方派遣，军事侦察是考察的主要任务；其二，考察者本身都是军人，马达汉是俄军上校，日野强则是日军少佐，两人都到中国参加过日俄战争；其三，一个戏剧性巧合是马达汉与日野强进入新疆几乎是同年同一时期，只是马达汉是自西而东，日野强是自东而西而已；其四，马达汉新疆考察为今人留下了包括日记、回忆录、照片资料在内的丰富的历史资料，而日野强也为今人留下了一本附有照片和地图的《伊犁纪行》。两人考察之不同点：其一，服务对象不同，考察目的针锋相对，即为各自服务的国家提供扩张侵略中国所需要的情报，仅此一点即可看出当时不但英俄角逐，日俄在中亚也处于互不相让的对立态势。马达汉甚至接到指令，要他警惕并监视当时正在南疆的日本人（当指日野强）的活动。其二，马达汉在俄国总参谋部指示下进行了身份伪装，作为法国伯希和探险队一名成员而出现，而日野强虽然一直单独行动，却从未掩饰自己的日本军官身份。①

三 马达汉新疆考察遗产的历史价值

马达汉在为时两年的考察中，横跨了中国 8 个省份。尽管马达汉的考察具有军事间谍和科学考察的双重性，但他留下的大量科考资料、照片、实物，包括他给沙俄总参谋部的《调查报告书》，都是不可再生的历史遗产，对我们了解和研究晚清时期的历史，特别是 20 世纪初新疆的历史、社会、人文、地理和中外关系等方面，均具有重要的历史价值。

马达汉新疆考察的历史遗产大体可分如下三类。

一类是，马达汉撰写的有关此次考察的文字性记述，包括考察日记、考察回忆录、考察的调查报告，以及绘制的地图。

马达汉考察日记题名为《穿越亚洲之行——从里海到北京的旅行日记》（芬兰文版，1941 年出版）。马达汉的旅行日记内容极为丰富，他把路途所见、所闻、所感做了详细的记述，内容包括沿途地形地貌特征、河

---

① 关于日野强新疆考察以及他的《伊犁纪行》，可参阅拙著《日野强和他的〈伊犁纪行〉评述》，载［日］日野强《伊犁纪行》，华立译，黑龙江教育出版社 2006 年版；又见《中国社会科学院学术委员会集刊 2004 年》第 1 辑，社会科学文献出版社 2005 年版，第 172—178 页。

流水系分布、动植物资源、城镇和居民点位置、历史沿革及交通、商业、文教、军事、经济情况等，特别是对地方官吏、军队、少数民族、寺院古迹、风土人情和各种见闻均做了生动的描述。马达汉日记发表后，引起了世界地理学界的重视，瑞典地理学会授予作者斯文·赫定金质奖章，表彰他对"交通不便和与世隔绝地区"进行了富有成效的考察。

马达汉回忆录，其中游记部分是作者根据日记改写的，于1951年出版。

考察报告，主要有两种。一种是马达汉军事考察报告，该报告全名是《上校马达汉男爵奉旨于1906—1908年穿越新疆和中国北方诸省至北京之旅的初步考察报告》，用俄文撰写，长选173页，并附有数十幅自己绘制的或收集的从新疆到中国内地重要的道路、河川和城市方位图以及有关各省的政治、经济、军事、地理、历史和民族的统计资料。该报告得到沙皇尼古拉二世和俄军总参谋部的赏识，刊载于1909年俄军总参谋部内部军事刊物第81期上。1988年作为附件，在阿拉木图出版的《俄国旅行家眼中的新疆》一书中摘要发表。另一种是《访问撒里和西拉裕固族》社会历史调查报告，这是一篇关于民族学和语言学方面的考察报告，报告中概述了撒里裕固族和西拉裕固族居住地的自然环境、人口分布和语言、族称和族源、社会经济面貌和宗教头人制度等，同时，在报告中还发表了经过整理的人体体型测量登记表格，以及撒里裕固族和西拉裕固族语汇表和有关撒里裕固族的民族服饰、艺术用品的图片。该调查报告部分内容曾发在赫尔辛基1911年出版的《芬兰—乌戈尔学会期刊》第27期上。

二类是，马达汉在考察期间所拍摄的1370余幅照片，这些照片目前均完好保存在芬兰国家文物局。1990年芬兰—乌戈尔学会出版了由彼得·赛德伯格选编的《1906—1908年马达汉西域考察图片集》，该书从1370余幅照片中精选了87幅，而在芬兰文版的日记中也发表了328幅照片。将历史定格于瞬间的老照片的独特魅力，令人痴迷，心灵为之震撼。

三类是，马达汉考察中收集的民族民俗物品、钱币和其他文献资料共计1000余件，目前均保存在芬兰国家博物馆、马达汉故居纪念馆等机构里。

上述马达汉新疆考察的历史遗产，其史料价值主要体现在以下几个方面。

其一，从一个侧面反映了 20 世纪初中国，特别是新疆政治、经济、社会等方面的亲历见闻。大言之当时俄、英、日在新疆的角逐，清末新政在新疆实施实效，小言之当时新疆地方官员、民族头领的政治态度与施政情况，我们在马达汉的日记、回忆录和两种调查报告中都可找到有趣的答案。

其二，收录于马达汉考察日记中的马达汉绘制的城市布局图，计有 11 幅，包括和阗、乌什、阿克苏、满努克、喀拉沙尔、托克逊、迪化（乌鲁木齐）、古城、吐鲁番、巴里坤、哈密，依我管见其他史籍中还未见有同类布局图的记载，这是一批让我们了解 20 世纪初这些城市现状的十分难得的历史资料。

其三，马达汉考察时留下的 1370 余幅照片，包括自然景色、城市风貌、社会生活、各色人物、人文景观等。马达汉拍摄于 100 年前的照片，把人们带回到 20 世纪初中国新疆和其他西北地区的晚清社会。如芬兰学者尤卡·库科宁指出"他（马达汉）拍摄的大部分山地图片确实蕴含着一种神秘的、令人迷恋的甚至神话般的意境……最值得夸奖的是马达汉拍摄的有关民族学研究的图片。这些图片加上他收集的物品使人们领略到异国他乡的独特文化……图片从侧面丰富地反映了探险生活本身及其进展和与当地居民的关系"①。中国学者殷德俭对马达汉所拍摄照片的评论是："马达汉新疆考察的 1370 余幅照片，总体来讲可归入到'写实主义'的表现手法中。他的摄影活动更多、更主要体现出的是'纪录'的功能，同时深刻地展现出了那个时代的鲜明特征。例如那幅'叶尔羌福利院里的单状腺瘤患者'的照片②中那位老汉低垂的眼皮所透视出的漠然的表情，令人深深地感受到他们的痛苦与无助，一下子就唤起了人们的同情之心，这就是图片的魅力，是影像的力量，是摄影师用视觉的语言在'复原'着历史中曾经有过的一个个不该被淡忘的'瞬间'。"③

---

① 尤卡·库科宁：《骑马与摄影》，载［芬兰］马达汉《1906—1908 年马达汉西域考察图片集》，王家骥译，山东画报出版社 2000 年版。

② 见《1906—1908 年马达汉西域考察图片集》，第 39 页。

③ 摘自殷德俭《"定格于瞬间"——马达汉新疆考察图片的魅力》，作者向 2006 年 8 月赫尔辛基召开的"马达汉新疆考察研究"国际学术研讨会提交的论文。

四 中国学术界对马达汉新疆考察研究的缘起、进展与前景

20 世纪 80 年代下半叶以来，中国边疆史地研究中心即着力倡导开展中国古代疆域史、中国近代边界沿革史和中国边疆研究史的研究，而中国边疆探察史是中国边疆研究史中一个重要组成部分。为了推动中国边疆探察史，特别是新疆探察史的研究，20 世纪 90 年代我参与了由新疆人民出版社出版的"西域探险考察大系"的学术组织工作。1990 年我读到了刘爱兰、房建昌《芬兰总统麦耐黑姆光绪末年对西北少数民族的实地考察》（刊于《西北民族研究》1990 年第 1 期），可说是我对马达汉这个历史人物的初识。自此之后，在我们研究工作中开始关注有关马达汉新疆考察的情况的收集，遗憾的是此后的几年中，可说是一无所获。在近代新疆考察研究中，马达汉的新疆考察确乎是一个被遗忘的角落。

2000 年春天，我有幸结识了长期从事外交工作，曾在芬兰留学并长期担任中华人民共和国驻芬兰大使馆高级外交官的王家骥先生。他对芬兰的热爱，以及对马达汉新疆考察的研究的执着，给我留下极为深刻的印象。我们愉快、融洽地商议了进行 20 世纪初芬兰探险家马达汉新疆考察资料整理和研究事项。在中国社会科学院中国边疆史地研究中心的大力支持下，"马达汉新疆考察研究"作为中国边疆史地研究中心 2000 年度重点研究项目正式立项，可以说这是中国学界系统研究马达汉新疆考察之始。

这项研究工作包括收集、翻译、整理马达汉新疆考察的资料、研究成果以及撰写马达汉评传等多项内容。主要工作由王家骥先生担任，我从组织、协调，以及研究历史背景的提供等方面予以协助。研究工作总体上计划在 3—5 年内，完成四项工作。

一是翻译出版《1906—1908 年马达汉西域考察图片集》。

二是翻译马达汉新疆考察回忆录和日记。

三是收集、整理和翻译马达汉新疆考察的调查报告，国外有关马达汉研究的主要成果。

四是撰写马达汉评传。

整个研究工作进行得十分顺利。

其一，2000 年 10 月由彼得·赛德伯特先生选编，于 1990 年作为芬

兰—乌戈尔学会人文科学丛书出版的《1906—1908 年马达汉西域考察图片集》，完成翻译并由山东画报出版社出版。该书收选的 87 幅照片是从马达汉中国之行时所拍摄的 1370 余幅照片中精选而来的。

其二，2001 年 8 月，《马达汉新疆考察研究》课题组应芬兰国防部战争史委员会的邀请，以收集马达汉研究资料为主题，赴芬兰进行了为期两周访问。此次访问的目的：一是收集马达汉新疆考察的著作；二是参观、考察马达汉的出生地、故居、墓地，以及与他一生重大活动相关的地方；三是与芬兰人文历史地理学术机构和马达汉研究者进行学术交流；四是考察有特色的芬兰民族、民俗、历史和社会发展状况，以及边远地区（北极圈内）的开发和建设。访问达到了预期目的，收集到有关马达汉研究著作 6 部，论文 4 篇，从马达汉中国之行留下的 1370 余幅照片中选印了 282 幅珍贵历史照片，还意外发现芬兰学者兰司铁（C. J. Ramstedt）1905 年所摄迪化（乌鲁木齐）照片，也一并选印复制。在访问和与芬兰学者交流中，还就开展马达汉研究达成了多项共识。马达汉是芬兰唯一的元帅，曾任芬兰共和国总统，今天大多数芬兰人视为芬兰民族英雄。当然，由于他对俄国十月革命的反对以及第二次世界大战中曾一度与法西斯德国"并肩作战"，也多受责难，但不管怎么说在芬兰历史上他是一位不容忽视的历史人物。他的 1906—1908 年中国之行，尤其是跨越天山南北的经历，以及留下的大量文集、图片、实物资料，实是今天研究者不可多得的历史文化遗产。马达汉新疆考察研究前景广阔，这就是我们访问后得出的结论。

其三，2002 年 1 月，王家骥著的马达汉研究评传——《马达汉》，作为由我主编的《走进中国西部探险家》丛书之一，由中国民族摄影艺术出版社出版。这是一部以学术研究为基础，运用广大读者容易接受的体裁和文字写成的马达汉评传，仅从该书所列的 23 种参考书目中，芬兰文的作品就有 7 种，英文的有 3 种，俄文和瑞典文的各 1 种，即可知该书的学术含量。

其四，2004 年上半年，芬兰文版的马达汉中国之行日记——《穿越亚洲之行——从里海到北京的旅行日记》汉译本，也由中国民族摄影艺术出版社正式出版。马达汉日记虽属旅行随笔性质，但文笔流畅，生动活泼，读起来有如行云流水，兴味盎然，实在是一部不可多得的力作。

在此期间，马达汉的新疆考察也为更多中国研究者所关注。2003 年兰州大学出版社出版了杨恕教授翻译的《曼涅海姆 1906—1908 年亚洲之旅摄影集》；2001 年由新疆维吾尔自治区档案馆和日本佛教大学尼雅遗址学术研究机构共同编选的《近代外国探险家新疆考古档案史料》一书，由新疆美术摄影出版社出版，该书刊布了收藏于新疆维吾尔自治区档案馆有关马达汉（该书译名为曼纳林）1906 年 6 月至 1907 年 11 月新疆考察的档案文献 43 件。

"马达汉新疆考察研究"课题组 2000 年设立的目标完成后，课题组的工作仍在继续。从 2005 年开始我们着手进行两项研究工作。

一是，进行马达汉新疆考察的专题研究。

二是，收集和翻译马达汉作品和芬兰学者研究马达汉新疆考察的代表作品。

关于马达汉的调研报告，包括马达汉回忆录，军事调查报告书，访西拉与撒里裕固族，1907—1908 年马达汉在新疆考察期间致唐纳参议员的信。

关于芬兰和西方学者的研究成果，包括 A. M. Tallgren，马达汉从中国新疆收集的考古文物研究；G. Raquette，马达汉收集的墓碑古籍残本；Kaarlo Hilden，对亚洲腹地几个部族的人种学体型测量；J. N. Reuter，马达汉收集的佛经残片；G. J. Ranstedt，四份维吾尔文商业文件和蒙古方块字文书残片；Runar Meinander，马达汉考察时的气象记录；A. K. Merisuo，马达汉的地图测绘。

同时，中国边疆史地研究中心与芬兰赫尔辛基大学于 2006 年 8 月下旬至 9 月上旬，在赫尔辛基和乌鲁木齐成功举办了"马达汉新疆考察研究"国际学术研讨会，中芬学者 20 余人参加了学术研讨会，提交论文近 30 篇。2006 年 9 月 3—11 日，中芬学者 16 人在新疆进行了学术考察，考察了吐鲁番、库车、喀什、阿克苏、库尔勒、和静等地。这是中芬学者首次就马达汉新疆考察研究学术的合作盛举。

"马达汉新疆考察研究"课题负责人，中国边疆史地研究中心研究员马大正在研讨会上就进一步开展马达汉新疆考察研究提出三项建议。

一是，加大马达汉新疆考察资料收集的力度，尤其是收藏于芬兰和俄罗斯相关档案馆有关马达汉新疆考察档案文献的整理和翻译；

二是，研究选题的开拓与深化。对此中芬研究者应有不同的重点选择。对中国研究者言，应将马达汉新疆考察研究放到清史、新疆地方史、新疆探察史、中亚地区史，以及 20 世纪国际地缘政治等大背景下进行宏观与微观相结合的研究；对芬兰研究者言，整理、研究、出版马达汉新疆考察藏品，对马达汉日记、回忆录进行校注应成为研究的首选内容；

三是，成果出版和研究普及方面，中芬学者应通过努力，争取得到社会更广泛的关注与支持。对中国研究者言，应在今后 2—3 年时间里争取完成以下四项成果并力争出版：①《马达汉新疆考察研究》（主要收录2006 年马达汉新疆考察研究国际学术研讨会中芬学者的论文）；②《马达汉新疆研究译丛》（主要收录芬兰和西方学者有关马达汉新疆考察的研究成果）；③《马达汉新疆考察调研报告合集》；④《马达汉新疆考察回忆录》。而希望芬兰学者能为出版主要收录中国学者有关马达汉新疆考察研究成果的英文版论集而努力。

迄至 2009 年，中国学者确定的四项工作，已完成了三项。

一是，《芬兰探险家马达汉新疆考察研究》，由马大正、厉声、许建英主编，黑龙江教育出版社 2007 年出版，共收录 2006 年 8 月下旬至 9 月上旬，在赫尔辛基和乌鲁木齐召开的"马达汉新疆考察研究国际学术研讨会"中国学者提交的论文 14 篇，芬兰学者提交的论文 11 篇。

二是，《马达汉中国西部考察调研报告合集》，由阿拉腾奥其尔、王家骥译，新疆人民出版社 2009 年出版，收集了马达汉撰写的两篇调研报告：《马达汉穿越新疆至北京的军事考察报告（1906—1908）》，《访撒里与西拉裕固族》。

三是，《百年前走进中国西部的芬兰探险家自述——马达汉新疆考察纪行》，由马大正、王家骥、许建英译编，新疆人民出版社 2009 年出版，本书翻译了马达汉《回忆录》中有关新疆考察的部分，并选配了马达汉1906—1908 年考察期间所拍摄的照片 115 幅。

上述几项工作的完成，其学术价值至少有：

其一，马达汉新疆考察的重要原始资料将悉数有了汉文译本，为深化马达汉新疆考察研究准备了一份扎实的资料；

其二，提供了一批中国学者有关马达汉新疆考察的研究成果。

马达汉新疆考察研究还处在始步阶段，19 世纪以来外国探险家的新疆考察研究何尝不是如此。开展 19—20 世纪外国探险家在新疆考察活动研究是学术发展的必然。这一领域曾是帝国主义侵华史研究的一项重要内容。中国人每当想到这一时期外国探险家在新疆考察中损害中国主权、私携文物出境的行径，总有一种民族感情受到莫大伤害的耻辱感。对这种行径，我们不能忘却，也不应忘却！因此应该进一步深入研究诸如普尔热瓦尔斯基、科兹洛夫、谢苗诺夫 – 天山斯基、波塔宁、瓦里汉诺夫、斯文·赫定、斯坦因、伯希和、勒柯克、华尔纳、橘瑞超、日野强、马达汉等人的考察活动，揭露和批判这些人的活动实际上是针对帝国主义对华侵略、争夺势力范围需要的实质；但是，作为研究者应认识到，外国探险家们尽管每个人目的不同、方式各异，其所作所为或为称道，或被谴责，但应该承认，他们的考察实录和考察成果，均无一例外地成为可供后人借鉴、研究、评述的历史遗产，我们对他们的研究还很不够，其中也包括对芬兰探险家马达汉的研究。马达汉是一个复杂的历史人物，如王家骥在《马达汉》一书后记中所言："20 世纪初为了俄国的利益，马达汉与中国结下了不解之缘。他作为俄国的间谍，在新疆考察中充当了沙皇俄国侵略中国的马前卒。但作为一个小国的民族主义者，他对于受到列强欺压的中国又寄予同情和希望，马达汉在《旅行日记》中又把中国看作与俄罗斯一样的大国。他在《回忆录》中则准确地指出，20 世纪的中国需要一个坚定的中央政府、一支强大的国防力量、一个现代化的行政和技术队伍以及新的公路和铁路通道，但首先需要的是和平。"[①] 如果从 19 世纪算起，新疆考察已经跨入第三个百年——21 世纪，为了更好地承前启后，马达汉的新疆考察作为外国探险家新疆考察的有机组成部分，当然是不应被忽视的。

[本文首发于《中国社会科学院学术咨询委员会集刊》第三辑（2007年），社会科学文献出版社 2007 年版]

———————

① 王家骥：《马达汉》，中国民族摄影艺术出版社 2002 年版，第 326—327 页。

芬兰探险家马达汉访察卫拉特蒙古述略

一　马达汉进入卫拉特人游牧地

卫拉特蒙古是我国蒙古族的一支，历史悠久，在各个历史时期有不同称谓。元代称斡亦剌惕，明代称瓦剌，清代称卫拉特，亦称厄鲁特、额鲁特，或漠西蒙古、西蒙古。国外则称为卡尔梅克。

综观元代以来，卫拉特蒙古历史发展的进程，大体上可作如次划分，一是元明时期的斡亦剌惕和瓦剌是卫拉特蒙古历史发展的先世期。二是明清之际至清代前期，亦即公元17—18世纪，是卫拉特蒙古历史发展由兴盛到危机的过渡时期。这一时期卫拉特蒙古各部，特别是统治天山南北的准噶尔部，统治青藏高原的和硕特部，远徙伏尔加河流域的土尔扈特部，是当时活跃于西北和北方的三支重要的政治力量，它们之间相互联系又各自沿着自己的发展轨迹，写下了历史上值得大书特书的篇章。三是清中叶以降及至民国时期，是卫拉特蒙古历史发展的稳定时期。四是中华人民共和国成立以后，卫拉特蒙古和各族人民一起进入了社会主义发展的崭新阶段。

清中叶以后，作为与清政府相对抗政治势力的卫拉特蒙古已不复存在，但在盟旗制度下，卫拉特蒙古仍在发展，他们生息繁衍，发展生产，并与各族人民一起在开发边疆、保卫边疆的实践中，做出了自己的贡献。

自18世纪中叶以来，生活于新疆的卫拉特蒙古游牧地基本上延续至今。其分布大致如下：

居住在新疆的卫拉特蒙古属土尔扈特部人数最多，是乾隆三十六年（1771）随渥巴锡回归故土的部众。渥巴锡所属称旧土尔扈特，时设四盟，各立盟长。一是南路在裕勒都斯草原，其政治中心先在焉耆，后迁到和静，今天新疆巴音郭楞蒙古自治州的卫拉特蒙古大多为其部后裔。二是北路在和布克赛尔，策伯克多尔济为盟长，今天新疆和布克赛尔蒙古族自治县的卫拉特蒙古大多为其部后裔。三是西路在精河，默们图为盟长，今天精河县的卫拉特蒙古大多为其部后裔。四是东路在库尔喀拉乌苏，今乌苏，巴木巴尔为盟长。今天乌苏市的卫拉特蒙古大多为其部后裔。

居住在新疆的和硕特部，主要是随渥巴锡东归的恭格部，他们一直游牧于博斯腾湖畔，今天和硕县的卫拉特蒙古大多为其部后裔。

18世纪中叶以后，居住在新疆的准噶尔部众均属厄鲁特营管辖。清代厄鲁特营的准噶尔人其来源有四：一是阿睦尔撒纳叛乱时投附内地的准噶尔人，其中以准噶尔二十一昂吉之一的达什达瓦部属人数最众。其迁驻伊犁是乾隆二十九年（1764）。除达什达瓦部外，也有少数原系居住于北京的准噶尔官员。二是乾隆二十五年（1760）后陆续脱出哈萨克、布鲁特地区的准噶尔人。三是乾隆五十六年（1791）随土尔扈特渥巴锡东返的卫拉特沙毕纳尔。四是在对阿睦尔撒纳战争中免遭于兵灾与瘟疫的准噶尔人。

1906—1908年骑马跨越亚洲对中国的考察，是芬兰探险家马达汉生命中的华彩乐章，使他进入了走进中国西部的著名探险家行列，马达汉中国考察的重点是新疆。通观马达汉1906年8月24日，通过伊尔克什坦进入新疆，至1907年10月30日离开哈密向甘肃的安西进发，在长达14个月的时间里，他在新疆的考察进程大体可分为三个阶段：

第一阶段：1906年8月至1907年4月，主要在南疆地区，考察了喀什噶尔（今喀什）、和阗（今和田）、叶尔羌（今莎车）、阿克苏。

第二阶段：1907年4月至1907年7月，翻越木扎尔特冰川，进入特克斯河谷，考察了沙图（今昭苏），固尔扎（今伊宁）进入巴音布鲁克草原，访察了土尔扈特人游牧地，经喀喇沙尔（今焉耆），翻越天山，到达乌鲁木齐。

第三阶段：1907年7月至1907年10月，考察了乌鲁木齐、奇台、吐鲁番、巴里坤、哈密，之后沿丝绸之路故道进入河西走廊。

从马达汉整个新疆考察的行程看，第二阶段，自进入特克斯河谷直到走出巴音布鲁克草原，均是生活在新疆的卫拉特蒙古的游牧地。特克斯河谷、昭苏、伊犁是厄鲁特营所辖卫拉特准噶尔人的游牧地，而巴音布鲁克草原则是渥巴锡直系后裔所在的南路土尔扈特部的游牧地。

二　马达汉与之交往的卫拉特人

马达汉在新疆考察期间，每到一地广泛结识各级地方官吏，了解政治、军事、经济、民政、社会、历史等方面情况，马达汉还特别注意考察所经地区少数民族社情民风，专程拜访民族首领头人，了解少数民族历史和现状。马达汉在卫拉特人游牧地历时4个月的访察中也不例外。

从马达汉日记中留下记述较多的曾与之交往的卫拉特人有：纳生巴图兄弟一家，努木嘎，昭苏圣佑寺主持喇嘛，南路土尔扈特汗王之母。

纳生巴图是马达汉在沙图（今昭苏）认识的卫拉特人。1907年4月5日马达汉首遇沙图"卡伦（哨所）的司令官"纳生巴图，还有他弟弟，"他弟弟是这里的下级军官。他们俩长得都很俊，修长的个"[1]。他们互赠了礼物，几天后的4月7日，在特克斯河谷一个叫作"哈尔干特的卡尔梅克营地"马达汉应邀造访了纳生巴图的家——大蒙古包。马达汉在日记中详尽记述了这次难忘的见面：纳生巴图的"毡包搭建在上陵地的南坡两座小山丘之间，毡包附近的牧场上，八百头牛马和几十只骆驼，证明主人是很富有的。在他的宽大的毡房周围散布着许多小的蒙古包。这都是他的臣民、牧民和其他人住的"。

马达汉被邀请进入主人的大帐篷里。"我走进营帐"，马达汉在日记中这样记述："见了女主人，两个女儿站在右边毡包的后壁前。"马达汉受到了盛情款待。"晚上，我十分愉快地躺下睡觉……我睡在舒适的毡包里，感觉十分美好。夜，温暖而宁静，我认为这是冬季到来后我度过的最暖和的一个夜晚。"[2] "第二天早晨，我怀着感激的心情告别我的友好的主人和他的家人。"[3]

---

① ［芬兰］马达汉：《马达汉西域考察日记（1906—1908）》，王家骥译，中国民族摄影艺术出版社2004年版，第168页。

② ［芬兰］马达汉：《马达汉西域考察日记（1906—1908）》，第170页。

③ ［芬兰］马达汉：《马达汉回忆录》，王家骥译稿，第27页。按马达汉关于中国考察回忆录，以［芬兰］马达汉《百年前走进中国西部的芬兰探险家：马达汉新疆考察纪行》（马大正、王家骥译）为书名，并配上百余幅马达汉考察期间所摄的照片，于2009年由新疆人民出版社结集出版。

5月10日，马达汉"在卡尔梅克人头领纳生巴图家再次过了一夜。"① 次日，马达汉参观了纳生巴图的马群，大体有1500匹之多。早年曾担任过沙皇副御马官的马达汉，对马匹具有特殊的感情，在他的日记中，对此次参观留下了生动记述："现在阳光明媚，不同毛色的马群点点洒洒地分布在缓缓起伏的绿茵场上。这真是一幅瑰丽的画卷。牝马和小马驹成群地围在种马旁边。我骑马在马群里转了两个小时。这里的牝马有400—500匹，我认为，对于任何一个牧马人来说，这些马谁都愿意买，她们是多么俊美啊！这些牝马沉静而壮实，脖子线条很美，脑袋也许稍微重了点儿，但不乏良种马的气势。尾巴根高高撅起，肚腹长得很好，肌腱壮得无可挑剔。膝盖和肩部还有改进的余地。我看着这么多的牝马和谐相处，令人欣赏不已。"②

5月29日，纳生巴图还在"喀拉苏柯尔克孜营地"专门为马达汉组织了一次士兵操练，对此，马达汉在日记中写道："远远看上去，队伍很好看，他们带着三面大红旗，上面绣着几个白色的汉字。就近看，士兵根本没有一点儿军人的威严。士兵的年龄参差不齐。马匹很瘦小，喂养得很差，但由于训练的关系，一点儿也不娇惯，完全适应当地的水土环境，是一个良种。中国式的马鞍，分量很重，但很好。马刺主要是吉尔吉斯的。行李放在一个大背包里'库尔逊'，挂在马鞍后面……表明士兵特征的，除了枪而外，唯一的标志是一件围裙式的马褂，上面绣着一个方块汉字（兵），外加彩色镶边。他们的装备是小型装一发子弹的毛瑟卡宾枪，其中部分枪上装了打猎用的木架子。枪支保养得极差，不太好使。子弹装在一个或两个皮囊里，拴在束腰的皮带上。纳生巴图让我检阅士兵步行和骑马进行长矛操练，操练情况跟我看到的中国军队的操练一个样。士兵们一手举矛向前，一手托把在后（有时候左右手交换），他们用矛向前刺时，嘴里大喊一声'杀'，以此增加力量。骑马4人捉对进行同样的刺杀动作。由于缺少弹药，不能进行射击，但我看到两名士兵进行瞄准时的姿势十分别扭。"③ 次日纳生巴图告别马达汉返回

---

① ［芬兰］马达汉：《马达汉回忆录》，王家骥译稿，第30页。

② ［芬兰］马达汉：《马达汉西域考察日记（1906—1908）》，王家骥译，中国民族摄影艺术出版社2004年版，第192页。

③ ［芬兰］马达汉：《马达汉西域考察日记（1906—1908）》，王家骥译，中国民族摄影艺术出版社2004年版，第204—205页。

沙图。

马达汉对纳生巴图身份的记述是"沙图卡伦的头头"。① 按在相关汉文史籍中尚未查到纳生巴图的记载。从沙图（昭苏）的辖区看，仍是属厄鲁特营左翼上三旗管辖。左翼上三旗即镶黄旗、正黄旗、正白旗。其辖区主要在昭苏县境内的特克斯河以西、察林河、大小霍诺海等地。厄鲁特营是乾隆二十七年（1762）设立的"总统伊犁等处将军"（简称伊犁将军），下辖索伦营、察哈尔营、锡哈尔营、锡伯营、厄鲁特营之一，四营分驻伊犁河两岸及其附近地区，以为伊犁屏障。厄鲁特营具有驻守卡伦、台站、巡查边防的职能。纳生巴图当是厄鲁特营的一位负责沙图卡伦的官员。

努木嘎是卫拉特老猎人，因陪同马达汉狩猎，两人结下了友情，马达汉在日记、回忆录中多次提到与努木嘎共猎的美好时光。1907 年 4 月 5 日在沙图努木嘎首次陪同马达汉狩猎，猎得一只七支鹿角的马鹿，使马达汉大喜过望，称其为"一个出名的卡尔梅克老猎手"②，并相约在马达汉自固尔扎返特克斯河沙图时再相见。5 月 12 日，当马达汉返回特克斯河谷时，"努木嘎确实在规定的时间、规定的地点等着我"③，之后努木嘎一直陪同马达汉边行边猎，一路走到巴音布鲁克草原。1907 年 6 月 28 日，马达汉将出发去喀喇沙尔，"努木嘎则与我告别，出发回家到特克斯河谷。努木嘎负责把我自深秋以来猎得的所有动物头颅带到固尔扎。然后由俄国领事通过纳德加公司送到赫尔辛基。当老头拆去他那小小的帐篷并上马准备回特克斯河谷时，我感到，一种依依不舍的感情油然而生。这个老练的猎手，以他丰富的经历和仔细周详的考虑，成为我在深山老林的狩猎路上一位不可替代的伴侣"④。

另一位与马达汉交往的是昭苏圣佑寺（沙图库热喇嘛寺）的住持，马达汉于 1907 年 4 月 8 日和 5 月 10 日两度造访圣佑者，受到了一位 60 余岁主持喇嘛和他助手的友好接待，互赠了礼品，马达汉还为喇嘛们照了相。

---

① 《马达汉穿越新疆至北京的军事考察报告 1906—1908》，阿拉腾奥其尔译稿，第 26 页。本篇调研报告与马达汉撰写的另一篇报告《访撒里与西拉裕固族》将结集，以《马达汉中国两部考察调研报告合集》为书名，2008 年由新疆人民出版社出版。

② ［芬兰］马达汉：《马达汉西域考察日记（1906—1908）》，第 167 页。

③ ［芬兰］马达汉：《马达汉回忆录》，王家骧译稿，第 30 页。

④ ［芬兰］马达汉：《马达汉西域考察日记（1906—1908）》，第 235 页。

马达汉在日记中对圣佑者的建庙历史记述如次："库热喇嘛寺（圣佑庙）是 10 年前卡尔梅克人集资建造的。听住持说，原有的古寺叫素摩寺，30 年前被俄国科尔帕科夫斯基将军烧毁了。"[①] 让人们感兴趣的是马达汉在日记中对圣佑寺的建筑群和大殿的描述："寺庙的建筑结构与经常看到庙宇一样：主楼加上两侧较矮的角楼。寺庙后面有一座角楼模样的建筑物。寺庙前面有一座牌楼，大门对着外院开，而外院也有一座牌楼，与前者相对应。外院的前面竖了两根高高的旗杆，旗杆一半的地方都有一个四方的木斗，这两个旗斗是为过往神仙拴马用的。所有建筑物中，都有典型的中国面砖天花板，还有漂亮的向上翘起的屋角和装饰华丽的椽条。许多房子的飞檐上都挂有铁铸就的风铃，固定在铃舌上的薄铁片在微风中不断晃动，发出一种柔和幽雅的叮咚声。主建筑物构成了一座高大的四方寺庙。"

"走进喇嘛寺，从大门开始有两排红漆圆木廊柱一直通到佛坛，佛坛上沿立着十来个菩萨，个个披着已经陈旧了的淡红色袈裟，只能看到部分脸面。佛坛上方挂了一些花花绿绿的旌旗状画，佛坛前面供奉着盛满米和水的盅碗和金属盆，盆里冒着火苗。引人注目的是，佛坛前和右边还摆放着钹、鼓和大小不同的喇叭，有的喇叭特别大。佛坛左边稍远一点儿的地方，则放着一把为寺院住持准备的大座椅，上面铺着毡毯。椅子上放着喇嘛们的僧帽、袈裟、佛杖（锡杖）等诸如此类的东西。两侧墙面上都挂了一排花花绿绿的大幅彩画。尽管如此，寺庙大厅依然给人们留下了凄凉、呆板的印象，没有富丽堂皇的感觉。"[②] 1982 年和 2007 年我有幸两次造访昭苏圣佑寺，1982 年我看到的圣佑寺是"文化大革命"后刚复建的大殿堂，里面空空荡荡。25 年后的 2007 年我重访圣佑寺，又遇上圣佑寺正在重修，除了建筑群外的脚手架，啥也没看到。我以为马达汉百年前对圣佑寺建筑群和大殿内景的传神记述，对今天的整修和保护圣佑寺是份难得的历史纪录。

马达汉在访察中结识地位最显贵的当是南路土尔扈特部汗王的母亲。时主政南路土尔扈特部汗王是渥巴锡后裔，第十一世卓里克图汗布彦蒙

---

① ［芬兰］马达汉：《马达汉西域考察日记（1906—1908）》，第 171 页。

② ［芬兰］马达汉：《马达汉西域考察日记（1906—1908）》，第 171—172 页，《马达汉回忆录》，王家骥译稿，第 27—28 页。

克。光绪三十三年（1907）清廷颁赏布彦蒙克三眼花翎，次年为乾清门御前行走。1907 年 6 月，汗王正在北京，由他母亲代理政务，6 月 17 日马达汉会见了汗王的母亲。

是日下午，马达汉被领进一个高大的红布顶子毡房。"一位 35—40 岁的标致的卡尔梅克妇女，在毡房里迎着我向前跨了两步。毡包中央放着一个高而窄的木桶，里面盛着'库米西亚'，一种马奶经过发酵的起泡沫的饮料。靠壁的一张精雕细刻的绿色镀金桌子上摆满了供奉'布尔汗'（蒙古语佛像之意）的银杯和其他物品，佛像被安置在桌子上方的框架之中。右边是一张高高的架着绣龙帐幔的床。床前的地上放了两个硬垫子叠起来的座位，座位前面放两张小凳子作为桌子。一个座位由王母坐着，她以半欧洲人和半东方人的姿态斜侧着身子；另一个座位被一条翘嘴巴的京巴狗占有。女主人请我在大门左边的一个位子上就座，然后用高贵的银杯请我喝放了盐的奶茶。"① 经过一番寒暄，马达汉转达了兰司铁博士对汗王的问候后，向王母赠送了一块手表，另外给她外出的女儿、儿子每人一架望远镜。马达汉还表示，为汗王准备了一支来复枪，在去北京的路上遇到汗王时会送给他的。会见时，马达汉还为汗王母照了相，为我们留下了难得的历史瞬间。② 在南路土尔扈特部访察中，马达汉了解了游牧于此的土尔扈特蒙古现状。土尔扈特部的这块游牧地共有 100 帐，散布在半平方俄里的三角形草原上，小珠勒都斯河贯穿其中。河的两岸都有高山，卫拉特人称呼的卡尔萨拉乌拉山脉从东北走向西南，其中达吉特达坂从东偏东北走向西偏西南，巴音布鲁克乌拉则从东走向西。巴音布鲁克山是东西走向的，是一座从小珠勒都斯山分出来的山丘。卫拉特人祈祷的地方就在巴音布鲁克最高的山冈上，人们远远可以看到那里竖着许多旗杆和飘着的彩带。在这里喇嘛寺管辖的毡包共有 20 帐。每座喇嘛寺包括两个毡包，前帐做大厅，后帐做佛宫。最重要的喇嘛寺都经过装饰，像汗王廷帐那样，用红布盖顶。喇嘛寺是土尔扈特人最神圣的地方，约有 100 名喇嘛在这里供职。从神圣的殿堂里发出的神秘而感人的乐声远远地传入草原上的每座

---

① ［芬兰］马达汉：《马达汉西域考察日记（1906—1908）》，第 224—225 页。

② ［芬兰］马达汉：《马达汉西域考察日记（1906—1908）》，第 225、226 页，刊有汗王母在大蒙古包的照片。

毡包之内，表明喇嘛寺在向佛祈祷，保佑汗王和他的族人平安。

马达汉在访察时，对 18 世纪土尔扈特人东归的历史也进行了追寻。马达汉曾向土尔扈特老人、官员、喇嘛询问过关于土尔扈特人祖先东归的历史，但得到的回答，大都是"听说过土尔扈特人从俄国伏尔加河畔逃亡的事，但不知道逃亡的原因，时间和历程"，① "只有一丁点模糊的概念，就是说他的百姓曾经在那里（指伏尔加河——引者）住过"，② "讲不出详细的情节"。③ 尽管如此，马达汉还是对 18 世纪土尔扈特东归的历史有了一个比较符合历史实际的认识，马达汉在回忆录中做了如下概括：17 世纪 30 年代，土尔扈特人"最终在俄国的伏尔加河下游草原找到了安顿之地。尽管这支部族处在基督徒和伊斯兰教徒的包围之中，但他们坚持信奉佛教并崇拜达赖喇嘛。出于对西藏的忠诚加上俄国实行的压制，政府促使土尔扈特人于 1771 年开始出发，带着他们大量的牛马牧群，进行了逃亡中国的旅程。大部分逃亡者倒在了长途跋涉之中，一部分原因是精疲力竭而死，另一部分原因是在与追赶的哥萨克兵战斗中丧命的。幸存者散居在中国的不同地方，其中裕勒都斯谷地是其定居点之一"④。

三　马达汉对卫拉特人风俗习惯的记录

卫拉特蒙古的风俗习惯和独具特色的文化生活，是在民族特定的地理环境和社会经济条件下，在长期的社会历史发展过程中形成的，是卫拉特蒙古民族文化的重要组成部分。马达汉在访察中对卫拉特人的风俗习惯进行了细致的观察，并在其日记中做了传神的记录，为今天人们认识 20 世纪初卫拉特人风俗习惯的一些侧面，留下了宝贵资料，若再配上马达汉现场拍摄的照片，两者配合，则实是珍稀的人类学、民族学文献。

关于蒙古包内部陈设、喇嘛庙建筑群和庙堂大殿的记述，前文已有摘引，兹再从服饰、饮食、舞蹈、宗教活动几个方面，再做摘引如次。

（一）关于服饰

马达汉走进纳生巴图的营帐，"女主人身穿缎带镶边的玄色服装。这

---

① ［芬兰］马达汉：《马达汉西域考察日记（1906—1908）》，第 226 页。
② ［芬兰］马达汉：《马达汉西域考察日记（1906—1908）》，第 228 页。
③ ［芬兰］马达汉：《马达汉西域考察日记（1906—1908）》，第 233 页。
④ ［芬兰］马达汉：《马达汉回忆录》，王家骥译稿，第 31 页。

种服饰我在沿路已经注意到是卡尔梅克妇女爱穿的，只是女主人的服装是我迄今看到的最整洁的一款。她的两个女儿分别穿绿色和黑色宽绰的袍裙，两人都有一颗镶银边的宝石，从头发上或从帽顶垂下来挂在前额。她们头戴尖顶珊瑚状圆帽，帽顶饰有传统的中国式顶尖，也是珊瑚石做的。妈妈的头饰是披在胸前的两缕蓬松的头发，发端各挂着一个下垂的车铃似的金属装饰品，几乎触及地面。她的裙子镶着花边，前后都分成两半，这一半裙角稍稍盖住另一半裙角。裙下方有一大串钥匙叮铃作响，这串钥匙也是挂着的，几乎垂到地面。姑娘浓密的发辫梳得松松地垂在两肩。她们三人脚上都穿着新奇的卡尔梅克皮靴，尽管做工笨拙粗犷，但却显得十分精巧。她们的每个手指上几乎都戴着闪闪发光的银戒指，还有银色的手镯，从而增加了服装的华贵色彩，但未必有多少风采"①。

（二）关于饮食

在纳生巴图的家宴上，"在神坛前放了一张矮矮的长凳，长凳上铺了一块地毯；在矮长凳前放了一张更加矮的桌子，桌子上已摆满了招待用的茶点。几张较小的桌子，在矮桌外侧围成一个半圆形，这些小桌上摆了一些略差一些的招待食品。经过一番谦让之后，我（指马达汉——引者）被安排在尊贵席上，我的左边地毯上坐着主人，右边是我的翻译和两个卡尔梅克人，妇女们站在旁边看着，同样聚集在门口的一帮卡尔梅克人也站在那里旁观。我受到了盛情款待，放在我面前的有通常的欧式茶水；也有卡尔梅克茶水，里面加了盐、黄油和牛奶。招待喝卡尔梅克茶的器皿是一种周边镶银的大铜碗，茶水微温。此外，还有淌着油的卡尔梅克薄煎饼、俄国饼干和一种姜汁糕点以及碎糖块。喝完茶，一头活的绵羊被拖了进来。主人十分隆重地宣布，这是为欢迎我而将被宰杀的羊，所有的礼仪都十分隆重地站着进行。主人把我的厨师叫过来，请他按照我最喜欢的菜式烹制羊肉。在毡包中央火塘上的一口大锅是用来为他的家人煮羊肉的，先吃肉，后喝汤。在煮羊肉的时候，有一位卡梅克人在做所谓'lapsa'，这是一种用面粉和水掺拌的细面条，等到羊肉都从锅里捞出后，把面条全甩到锅里"②。"他们吃的食物是牛奶、艾然和茶水，有时候茶水里加了面粉和

---

① ［芬兰］马达汉：《马达汉西域考察日记（1906—1908）》，第169—170页。
② ［芬兰］马达汉：《马达汉西域考察日记（1906—1908）》，第170页。

肉，只要有储存，总是兑在一起喝。卡尔梅克人吃东西不挑三拣四，他们能够统统吃下去，主要是在晚上睡觉之前吃，他们的食欲很旺盛。卡尔梅克人可以喝无数杯茶和艾然，并且我想一顿饭可以吃掉一整只小羊羔。锅子，吃过饭后并不马上刷，而是在下次放到火上在煮之前再涮的。当锅子冲洗干净后，用碗尽量把水舀掉，肉汤里从不加蔬菜，也很少用面粉。"[①]

（三）关于舞蹈

1907 年 5 月 29 日，在参观完纳生巴图组织的士兵操练后，马达汉在日记中记述了卫拉特人舞蹈的场景。"饭后，卡尔梅克人表演舞蹈和音乐。舞蹈动作十分别扭，就是耸动肩膀和胳膊，同时转前转后，上身基本保持不动。大概是因为他们脚上穿了大皮鞋的缘故，很难做灵活的舞蹈动作，所以他们只是小心地移动双腿。他们真的只是在原地做一些小小的旋转动作。他们弹奏的弦乐，就是柯尔克孜人的'冬不拉'……最好的卡尔梅克人乐手都共用一种变化不多的简单谐音来娱乐自己。他们唱歌只用一种单音调，六七个不同音乐天赋的男子汉一起合唱。歌声开始时没有尖锐的高音，但单调的曲调愈来愈高，到最后四分之一时，同时用噫呀的假声唱上去。"[②]

（四）关于宗教活动

马达汉在昭苏圣佑寺看到一次宗教活动。"年老的喇嘛都没有到场。只有三位喇嘛坐在靠近大门的椅子上，他们身披黄色袈裟，头戴头盔状的黄色僧帽——一种两端高高耸起的布帽。他们不时地站起来，庄严地穿过廊柱向佛坛走去。一顶黄颜色的类似鸡冠和头盔的中间形状的高帽子，似乎在法事活动中起着关键作用。一会儿戴上头，一会摘下来，叠起来平放在胸前。只有一位年纪最大的喇嘛跪拜时额头碰地。廊柱之间的长凳上坐了三十来个小喇嘛，每排位子的首座坐着一个年长的喇嘛，此人看来是在领唱，如果把念佛可以说成唱歌的话，就可以这么讲。念佛的声音大部分时间里是低沉的，但有时候变得十分高亢嘹亮，这时候每个人都竭力提高嗓子唱。个别曲调听起来有点像希腊东正教的祷告声。坐在小喇嘛行列中，一个年长的喇嘛进行贡粮仪式，十分引人注目。接着鼓声大作，鼓手

---

① ［芬兰］马达汉：《马达汉西域考察日记（1906—1908）》，第 233 页。
② ［芬兰］马达汉：《马达汉西域考察日记（1906—1908）》，第 205 页。

摇起两只大鼓，其他乐手铿锵击钹和吹起了喇叭。喇叭吹出的乐曲，十分美妙洪亮，音调很长。气氛逐渐平静下来，法事也就完了……在法事中间休息的时候，两个年老的服务人员给大家分发拳头大小的馒头，俩人一个。过了一会儿，他们抬来了两大桶茶水，分别倒到喇嘛们从衣服里掏出来的大碗中。喇嘛们的木碗碗口镶着银边。"①

从上述记述中，人们看到的是一幅多么生动的卫拉特人风情画！同时必将在当代卫拉特人中，在今天亲历过卫拉特人生活的人们中引起强烈的共鸣！

马达汉访察中在特克斯河谷和巴音布鲁克草原时也不忘对卫拉特人进行人类学测量。尽管马达汉承认，"通常都是在完成在各省省会城市和主要路段的考察任务之后，才开始做这些工作的（指人类学测量——引者）"，而且"做人类学测量和搜集许多民族学实物，主要是为了当着我旅伴们的面，进而当着中国当局的面，为自己的工作增添一点学术色彩"。②

四 马达汉对卫拉特游牧地的军事考察

马达汉中国之行首先是一次肩负特殊使命的军事考察，据马达汉自述，他此行目的是：

——沿路收集情报和军事统计资料，特别是长城外各省的情报和军事统计资料。

——查清中国政府最近几年所推行的新政对地方有何影响。

——了解国防基础以及军队的整编及训练情况。

——调查所经各省汉人移民的情况和中央政府对地方行政制度进行的改革。

——了解当地百姓的情绪，他们对朝廷政策的态度，一些地区或当地部族的自治运动、达赖喇嘛在这一运动中的地位和作用，老百姓对俄国和日本的看法，以及日本对中国政府的一切措施有何种影响。

——勘察通向喀什噶尔，乃至通向兰州和北京的道路，尤其要查明我

---

① ［芬兰］马达汉：《马达汉西域考察日记（1906—1908）》，第172—173页。

② ［芬兰］马达汉：《马达汉穿越新疆至北京的军事考察报告1906—1908》，阿拉腾奥其尔译稿，第26、27页。

国骑兵队及由三个兵种组成的独立部队进军兰州的条件。"①

　　应该说马达汉的中国之行尽最大努力完成上述各项指令的要求，在卫拉特人游牧地的考察中，从土尔扈特人的军事编制和调动，以及军事地形研判两个方面进行了认真的观察与思考，并提出了有理有据的分析。

　　马达汉调查了特克斯河谷草原和沙图边防卡伦的屯兵制度。在苏尔孕苏木大约有 1500 帐牧民，分为 5 个辖区。平时每个辖区都需派出 24 名 17—30 岁的骑马兵丁。纳生巴图是这个 120 人的边防连指挥官，他的助手有 2 名较年轻的军官，4 名较年长的军官和 12 名年轻的下级军官。指挥官的工资是每月 25 卢布，士兵 3 卢布 50 戈比。纳生巴图作为辖区法官每月职务津贴为 20 卢布。士兵满 40 岁才可以退役。士兵的大部分时间看来都待在家里，只有需要时才召集在一起。每年规定进行一个月的超强度训练。打靶练习用的是从枪口装弹药的旧式统枪。使用毛瑟枪的子弹非常有限，每个士兵的皮革子弹盒里最多只有 10 发，枪保养得很差，子弹盒已用得很旧。纳生巴图说，每个士兵已打过 1000 发子弹。士兵私下讲，他们谁也没有打过 300 发以上。如此看来，打靶训练并不认真。除了每年一次超强度训练外，其余时间都是用空弹壳练习打靶。部分弹药和子弹看来被用来打猎或别的临时用途了。每当发生战争时，卫拉特人有义务应召骑马入伍。如家里只有一个男丁，可以免征入伍。没有预备役军官，军事装备则由惠运城提供。② 对于生活在巴音布鲁克草原的土尔扈特人的战争动员能力，马达汉也进行调研。19 世纪 60 年代土尔扈特部应召入伍的兵丁约 300 人（另有一说为 8000 人，显然是大大夸大了），和硕特部 200 人。他们都参加了收复焉耆府的战斗。此后，再没有人服过役。这些部族人民认为，战争爆发时，中国官方招募他们的人入伍，完全是理所当然的事。③

　　在马达汉撰写的《马达汉穿越新疆至北京的军事考察报告 1906—1908》中对新疆的山川、地形、地貌做了详尽的记述，还对驻防兵力的人

---

　　① ［芬兰］马达汉：《马达汉穿越新疆至北京的军事考察报告 1906—1908》，阿拉腾奥其尔译稿，第 14 页。
　　② 参阅［芬兰］马达汉《马达汉西域考察日记（1906—1908）》，第 206—207 页。
　　③ 参阅［芬兰］马达汉《马达汉西域考察日记（1906—1908）》，第 242—243 页。

数、装备、补给系统、兵员素质等方面进行了考察，十分翔实，且笔触所及，绝无空谈，均落实到俄军一旦实施军事行动，进军新疆的实际需要。俄军参谋部给马达汉下达"特殊的任务"中，要求：1. 绘制喀什噶尔经乌鲁岭至乌什，以及沿托什干河的道路；2. 考察托什干河从其出山源头至叶尔羌河汇合处沿线，可否作为未来的防线之用；3. 编制绿洲要塞阿克苏的军事统计资料；4. 考察从阿克苏翻越木扎尔特山口到伊犁的路线；5. 考察裕勒都斯盆地；6. 侦察兰州城作为军事基地的筹建情况。[①] 显然，从特克斯河谷到巴音布鲁克草原的天山通道，是马达汉军事考察的重点任务之一。所以在《马达汉穿越新疆至北京的军事考察报告 1906—1908》中可以读到大量对天山腹地的地形、地貌、海拔、气象、水源等数据的详尽记录。

五 简短的结语

马达汉是一个复杂的历史人物。20 世纪初受俄军参谋部派遣到中国，特别在新疆进行间谍考察，充当了沙皇俄国侵略中国的马前卒。但是，马达汉在为时两年的考察中，又有效地进行了历史学、人类学、民族学、社会学的考察，留下了大量科考资料、照片、实物，所有这些今天都成了不可再生的历史遗产，对我们了解和研究晚清时期的历史，特别是 20 世纪初新疆的历史、社会、人文、地理和中外关系等方面，均有重要的历史价值。同时，马达汉的日记、回忆录、军事调查报告书、照片和实物也涉及卫拉特蒙古社会方方面面，也都成了今天我们研究 20 世纪卫拉特蒙古的难得的第一手资料。

如同马达汉的考察具有军事间谍和科学考察的双重性一样，马达汉作为一位历史人物，同样也具有两重性和复杂性。他作为俄国军官为俄国利益尽责尽力，但作为一个小国的民族主义者，他对于受到列强欺压的中国又寄予同情和希望。马达汉在伊犁考察期间，对俄国在中国的霸道行为进行抨击，在 1907 年 4 月 20 日的日记中写道："中国的领土上驻扎着这样一支配备大炮的俄国军队，实属特殊，不可想象，现在正处于民族觉醒时

---

① ［芬兰］马达汉：《马达汉穿越新疆至北京的军事考察报告 1906—1908》，阿拉腾奥其尔译稿，第 14—15 页。

期的中国对于伤害其主权的行为究竟能容忍多久！"马达汉在同一天日记又写道："固尔扎的俄国领事馆在其没完没了的中俄商务和刑事纠纷中也有一项令人生厌的任务，就是保护那些无赖的利益，而且是仅仅是为了维护俄国的尊严。"①

马达汉对中国抱有良好的感情，他在回忆录中写道："中国需要一个坚定的中央政府，一支强大的国防力量，一个现代化的行政和技术队伍，以及新的公路和铁路通道，但首先需要的是和平。"② 马达汉当时将希望寄托于实施新政后的清王朝，他在《马达汉穿越新疆至北京的军事考察报告 1906—1908》的"总结"中如此评议："现在可以有把握地说，改革（指清末新政——引者）已经深深扎根，想把它斩草除根已不可能，焕然一新，正在苏醒的中国，现在已不是不可实现的和强烈期待的梦，也不是遥遥无期的可能，而是实实在在的事实。"③ 显然，马达汉没有认识到腐朽的清帝国已经走到了生命的尽头，清末新政挽救不了清帝国的命运，三年后，建立了 268 年的清帝国在辛亥革命的烈火中崩溃了。

如果从 19 世纪算起，新疆考察已经跨入第三个百年——21 世纪，为了更好地承前启后，马达汉的新疆考察作为外国探险家新疆考察的有机组成是不应该被忽视的。

（本文首发于《西部蒙古论坛》2008 年第 1 期）

---

① ［芬兰］马达汉：《马达汉西域考察日记（1906—1908）》，第 178、179 页。
② ［芬兰］马达汉：《马达汉回忆录》，王家骥译稿，第 8 页。
③ ［芬兰］马达汉：《马达汉穿越新疆至北京的军事考察报告 1906—1908》，阿尔腾奥其尔译稿，第 126 页。

日野强和他的《伊犁纪行》

  1906 年，日俄战争在远东地区的硝烟刚刚散去，一位少佐军衔的日本军官从东京出发，踏上了赴中国大陆，西行考察新疆的旅程。他，就是《伊犁纪行》的作者日野强。

  19 世纪末到 20 世纪初叶，中国新疆所在的亚洲腹地，也就是古代丝绸之路连接起东西方的枢纽地段中亚一带，云集了来自世界各国的探险家和旅行家。经过 15 世纪以来历时两百多年的"地理大发现"，当西方列强在海外大肆开拓，把一块块本不属于他们的土地当作殖民地分割侵占殆尽之后，他们的目光对准了被他们称作"地理上最后的空白"的内陆亚洲地区。正是在这样背景下，中亚探险成了西方各国关注的热点。来自德国、英国、法国、瑞典、俄国、美国的一支又一支探险考察队，纷至沓来涌入我国新疆及中亚各地，留下了一部动人心魄，纷繁多彩，又打着浓重时代印记、颇多争议的探险史。那当中有不少我们今天已经熟悉的名字：李希霍芬、斯坦因、伯希和、斯文·赫定、普尔热瓦尔斯基、华尔纳等。

  与西方各国相比，列强队伍中属于后起者的东瀛日本在中亚的探险起步较晚，规模也远不能与前者相提并论。在日野强西行之前，只有京都西本愿寺法主大谷光瑞发起的，人称"大谷探险队"的这一支，曾经在 1902 年从英国伦敦出发取道俄罗斯前往中亚，经撒马尔罕、浩罕进入新疆南路的喀什噶尔，又分路考察了和田、阿克苏、库车等地的古迹。这也是大谷探险队前后三次新疆考察中的最早的一次。

  距大谷探险队第一次中亚探险后四年，日野强只身出发，踏上旅途。更重要的是，与清一色由佛教僧侣组成，抱着弘扬佛法，亲临实地探求佛教传播历程之宗旨的大谷探险队员不同，日野强是一名职业军人，他的西行具有明确政治、军事方面的动机，这一背景使得他的考察旅行不同于其他以学术为主的探险团队或个人，属于在当时的考察热中要提到的另一种类型。

一 日野强其人

日野强不是一个广为人知的人物，传记文字只有葛生能久的《东亚先觉志士记传》（东京，黑龙会，1936 年 10 月刊行）下卷中一段不算长的记述，其人其事，均难得其详。所幸 1973 年因为重印《伊犁纪行》，日本防卫厅防卫研修所战史室曾向有关方面公布过他的详细履历，据此，我们才有可能比较清楚地了解到他的生平经历。

日野强（Nino Tsutomu），1866 年（日本庆应元年）1 月 23 日出生于日本爱媛县伊予小松町（现在的周桑郡小松町），父亲日野常吉，他本人是家里的次子。少年时代就读于爱媛县立师范学校，后来也一度担任过小学教员的他，最终却投笔从戎，选择了一条当军人的道路。

1886 年，年方弱冠的日野强进入陆军士官学校学习，毕业后授予陆军步兵少尉军衔，不久又升任中尉。1894 年中日甲午战争爆发后，他所在的步兵第十二连队编入大岛义昌率领的混成第九旅，在朝鲜釜山登陆并转战各地，直到次年 7 月才由大连港乘船回到原来的驻防地。1897 年，日野强 31 岁，已经晋升为大尉。就在这一年，他出任侵台日军的台湾守备步兵第十一大队中队长。

1900 年，沙俄借义和团事件为名出兵占领中国的东北三省，随即加紧扩张，巩固自己的势力范围，这使得早已垂涎中国东北而苦于不得下手的日本恼恨交加。随着双方的对立愈演愈烈，战争已如箭在弦上。1902 年 7 月，日野强奉调到日本参谋本部工作，直到两年后日俄战争在中国东北爆发，他的基本任务就是在中朝边境地区侦察俄方动向，并利用当地人作间谍来迷惑扰乱俄方的视听。这件事成了他后来长达十余年的特务生涯的开端。

日俄战争期间，日野强亲身参战，他所在的军团参与在辽阳和沙河的两次大会战，他本人也因战功而受嘉奖，晋升少佐军衔，并被授予功四级金鹰勋章。

1906 年 7 月，回到参谋本部供事的日野强接到了一项使命，这就是他在《伊犁纪行》开篇处提到的来自"某方面"的秘密指令，这里的"某方面"即是用隐讳的提法指称参谋本部。指令要求他前往中国的新疆进行所谓的"视察"，也就是搜集有关该地各方面的军事政治情报。换言之，新疆之行是他特工任务的一种变动和延伸。

与许多因仰慕新疆的名声而萌生旅行念头的人不同，奉军部指令行事的日野强在赴新疆之前，对那里的风土历史几乎一无所知。虽然他曾经在中国东北活动并作战，但中国西部对他来说，纯然是一片未知的天地。既然这样又为什么单单选上了他呢？这也许是一个朴素的疑问，却没有资料能够直接给以回答。但我认为，日野强在这之前的特工经历和经验，以及对于东部中国有一定程度的了解这一点，很有可能被看作自东向西穿行中国大陆，进而在新疆从事调查时的一个有利条件。据说日野强身体强健，意志坚忍，生性不善饮酒，这正是一个特工人员良好的素质。同时还应知道，在 20 世纪最初的那段时间里，很少有日本人前往中国的西陲，要寻找一个对新疆既有相当了解，又具有可靠的军人身份的人来执行这项任务，大概那想法本身就近乎奢求。当然还有第三点理由必须指出，那就是日俄战争的胜利大大地激起了日本对抗俄国在亚洲扩张称霸的欲求。新疆所在的中亚是宿敌沙俄在亚洲扩张的前线，虽然远在万里之外，也绝不容坐视。为了遏制沙俄，寻求对策，对军部来说派人前去搜集情报的工作变得刻不容缓。总之，日俄战争后的时局形势加上日野强自身的经历和素质，把身为军人的他推到了前往考察新疆的第一线。

一个戏剧性的巧合是，与日野强进入新疆几乎是同年同一时期，一位芬兰籍的俄国军官马达汉（Cgrl Gustaf Mannerheim）受俄军总参谋部的委托也来到新疆探察。他们两人一个自东而西，一个自西而东，行程方向相反，考察目的确针锋相对，即为各自服务的国家提供扩张侵略所需要的情报。仅此一点就可以看出当时不但英俄角逐，日俄在中亚也处在了互不相让的对立态势。马达汉甚至接到指令，要他警惕并监视当时正在南疆的日本人（当指日野强）的活动。还有一点不同的是，马达汉在俄国总参谋部的指示下进行了身份伪装，作为法国伯希和探险队的一名成员而出现，日野强却不同，他虽然一直单独行动，却似乎并未掩饰自己的日本军官身份。

二 日野强的新疆行程

日野强 1906 年 9 月 7 日离开东京，于同月 20 日到达北京即此次西行的起点。据他自己说，受命后原本打算在东京多用一些时间来搜集有关新疆的文献资料，做好准备再出发的，然而经过一段调查后发现，日本国内可资参考的资料寥寥无几，根本没有日本人自己的著述，仅有的零星记载还都是欧美人十几年前写下的东西，即便努力翻译整理，对新疆的印象也显得朦胧模糊，不得已只好就此结束前期准备而登程，打算到北京后再寻找机会补充一些有关本次旅行必不可少的知识。

和那个时代的许多日本人一样，日野强尽管身为军人，却有着颇为深厚的汉学功底，甚至还有吟诗作词，附庸风雅的情致与才华，使得他能够通过大量阅读汉文史籍来汲取所需的一部分信息。同时日本驻北京公使馆的两位武官青木宣纯和坂西利八郎，以及参加过第一次中亚探险，当时正在北京逗留的西本愿寺僧侣堀贤雄也给了他许多切中的建议。后来日野强在陕西境内邂逅大谷探险队的主帅、西本愿寺法主大谷光瑞本人，这件事令他兴奋不已，把面晤这位学识渊博的探险先驱者，并得以聆听其指点视为该次行程中最大的幸事之一。

日野强的行程历时一年四个月，论日算 474 天，如不包括最后归途从印度加尔各答登船后的那段海路的话，陆路行程 10392 英里，也可以称说是"行程万里"了。其中在新疆境内停留了九个月，经历了从严冬、春夏再到初秋的季节变化，两度翻越天山，天山南北的各重要地点几乎都留下了他的足迹。如果要简单概括他的旅行全程，可以大体分为三段，即进入新疆之前，新疆境内和走出新疆之后。

第一阶段，1906 年 10 月到 1907 年 1 月，北京到甘肃。

日野强从北京出发时乘坐火车，沿京汉铁路南下，先到直隶首府保定，再到河南郑州。在保定时他遇到了正在陆军武备学堂任教官的日本人上原市多（中国名原尚志），遂邀他与自己一同西行。除了上原，据说到兰州为止的同行者中还有蒙古旗人允升和身为革命党的湖北人吴贞禄。

从郑州折向西去，交通工具变为骑马，行李则交给中国仆人托马车代为运送。11 月 6 日到达西安后停留了 10 天，以准备西去所需的物资给养，特别是筹办防寒用品。

从西安再次登程后，兼程 25 天，到达兰州。此时已届严冬，故兰州以西改为乘马车旅行。日野强在到达甘肃省山丹县时迎来了 1907 年元旦。1 月 25 日告别甘肃进入目的地新疆省也就是今天的新疆维吾尔自治区境内。

第二阶段，1907 年 1—9 月，新疆省内。

1 月 30 日，日野强来到新疆东部重镇哈密，2 月 7 日到达吐鲁番，向西北行越过天山，同月 25 日进入新疆省首府乌鲁木齐。从吐鲁番前往乌鲁木齐途中，还意外地邂逅了上海东亚同文书院的毕业生林出贤次郎。在省城盘桓了 27 天，是停留时间最长的一处。

3 月 24 日，从乌鲁木齐出发经绥来（今玛纳斯）、库尔喀喇乌苏（又称西湖，今乌苏）前往北方边镇塔尔巴哈台（今塔城），而后返回到库尔喀喇乌苏再折向伊犁。这段行程乘用三匹马拉的俄式四轮马车，前后费时一个半月有余，于 5 月 12 日进入距伊犁将军驻节的惠远城仅有数里的绥定城。在伊犁七城共逗留了 17 天。

5 月 30 日，日野强结束对伊犁的考察，告别同来的上原市多转向东南，再一次翻越天山。通过裕勒都斯河谷时得到伊犁将军所派官兵及哈萨克人的护送，并会见了土尔扈特汗王之母老福晋。6 月 21 日到达位于天山南路东部的喀喇沙尔（今焉耆）。

接下来他沿天山南麓西行，经库车到阿克苏，并在那里停留了一周左右。从阿克苏出发后于 8 月 8 日到达天山南路的商业及政治中心喀什噶尔（今喀什），停留了 16 天。然后经由英吉沙尔前往另一座南路大城叶尔羌（今莎车），直到 9 月 15 日离开。

第三阶段，1907 年 9—12 月，离开新疆进入印度，而后由海路回国。

9 月 15 日，日野强告别叶尔羌向印度进发。途中翻越了喀喇昆仑山并在喜马拉雅山系中跋涉，历尽险阻后于 10 月 27 日到达斯利那加，11 月 3 日到拉瓦尔品第。此后乘火车旅行，10 日后抵达印度港口城市加尔各答。同月 23 日从加尔各答登船，经新加坡，及香港、上海，于 12 月 24 日回到日本神户港。第二天他就取道京都回东京复命。

三 《伊犁纪行》述要

漫漫长途，跋涉于戈壁高山的征程是何等艰辛，我们从日野强远行归来的记述中可以充分体会。除了严冬酷暑黄沙风暴的肆虐，匮乏困苦的磨难，攀绝顶过冰川的生死之险外，荒漠孤旅的难耐处境也时时向人的意志发起挑战。应当说日野强竭其所能地完成了自己的使命，而集其见闻与心得之大成者，就是一部洋洋数十万言的《伊犁纪行》。

全书上下两卷，上卷为日志之部也就是日野强的旅行日记，下卷为地志之部，是他根据各方史料汇编的，有关新疆各地地理、历史、风土人情的记载。

日志之部中，日野强逐日记述了他在旅途中的各种见闻。凡到一处，不论其地大小，是城镇或村落，必有提及。作为负有特别使命的军人，他对中国各地的考察自然也有不同于一般学问家的视角。正如大谷探险队员之一的橘瑞超所道破：日野少佐和我旅行的目的不同，对我来说不重要的东西，在日野少佐看来也许非常重要（橘瑞超《西行记》十一）。

大体说来，他每到一地，首先关心当地的地形地貌、地质土壤、气候气温、物产植被、饮水、燃料、四至及里程等自然状况；其次是人口、民族、城池布局、行政设施、军事防务、交通通信、宗教信仰、民居民风等社会状况，留意周到，巨细无遗，这个特点是和他的身份与任务性质分不开的。

他的记述或者来自直观的考察，或者先得诸典籍再经过印证，或者访诸当地各方人士，包括官宪、将校、平民百姓，少数民族人士还有外国官员和侨民，都有相应的出处和依据。那些看似细碎纷乱的见闻，经他梳理，变得条理明晰，平实好读。日野强在该书的自序中这样表示：

> 我以无能之身缀录为时短暂的考察见闻，而定其名为伊犁纪行，又公开刊行，自知难免有僭越之谤。何况我本一介武弁，全无农工商方面的知识，故我在书中的表述或不免有判断失当之处。但就见闻本身而言，可以说皆为事实，毫无欺伪，这是我不揣冒昧要在此言明的。

研究西域的专家，已故日本学者护雅夫先生也认为，作者用严谨的态度处理庞杂的资料，明确区分亲见亲闻和传闻，凡属自己的见解，用推断的口吻写出，有疑问则存疑，对传闻之说则记作据说云云，因此"可以毫不夸张地肯定地说"，此书对事实的记述是值得信赖的（芙蓉书房重订本序）。

相对于许多西方人写的考察记来说，日志之部在文字风格上也有特点。因为是日记的形式使得读者可以随着作者西行的脚步，跟着他观望的视线，去逐步探求不断移动变化中的西部风情，展开想象，由远而近，对新疆由不识而识，仿佛也作了一次时光倒转长途实地旅行，也正因为是日记形式。又因为作者来自同样是属于汉字文化圈的东方国度，每每随当时当地的感受，时或征引典故，时或赋诗寄怀，更有随历史而驰骋思绪，议论古今的精彩之笔，所以书中尽管没有某些考古探险记的那种大跌大宕的激烈，或者扑朔迷离的神秘，却不乏对读者的感染力。

上述记述的地理风土见闻片段，在下卷的地志部分中得到了进一步的征引补充。

地志之部由十三章及附录组成。举其章名，为地势、风土、居民、风俗、宗教、教育、产业、交通、行政、兵备、历史大要、俄国人在新疆的现状、新疆所感。附录"新疆琼瑶"是停留新疆期间当地官员文人赠给他的诗作。其中"地势"一章下分地理位置、广袤、山脉、河流、湖泽、沙漠、居民点、森林各节，"居民"一章下分人口、人种，及维吾尔、蒙古、汉、满、回、哈萨克等民族各条，又于"风俗"和"宗教"两章下分述服装风貌、住宅庭园、婚丧习俗、节庆礼仪、历法文字、男女及家庭关系、喇嘛教（藏传佛教）、回教（伊斯兰教）、基督教、民间道教等内容，在"产业""交通"两章下介绍有关农林、工商矿、畜牧各业以及道路通信等设施问题，在"行政""兵备"等章中介绍行政体系、财政、军备的状况。

很显然，编写地志之部的用意，是试图给日本今后插手经营新疆提供一部"百科全书"式的入门读物。日野强广征博引，他所采用的文献资料，除了来自中国的正史及《大清会典》等典籍志书外，还包括了19世纪后期欧洲探险家、汉学家们的有关著述。如德国地理学家李希霍芬的代表作《中国》等。日野强在凡例中这样说："书中所记均出自我的实地考察，而人种、宗教、历史等方面内容，则有选择地采用了东西方著述中我以为确实可信者，并经过向前辈请教，而后才付诸笔端。"（第一版，凡例）

其实说地志之部是一部百科全书也许还不足以使读者完全明了其特点。须知日野强并非机械地摘抄各种资料，排比堆砌成一个大拼盘，而是融个人见解于情况介绍，缕析条分，自成体系。既评议时势，也力陈对策，他的地志之部充满了近代版"经世致用"的味道。附录《新疆琼瑶》中与他唱和的清朝官员，屡屡提到日野强"腹在汉唐三代事，胸藏瀛海九州图""安邦上策指挥里，阅世浮云变态中"，虽不无溢美之嫌，但也充分表明他是一个具有政治头脑的军人，而不是所谓的"一介武弁"。以一个军人而在短短几年内完成有如此分量的汇编，其能力与效率都是值得称道的。

日野强对新疆的政局和经济、民族、宗教予以高度关注，也做出了自己的评估。比如对于新疆经济发展的前景，他一再表示，新疆实乃西陲一大资源宝库，只是尚未得到开发，沉睡至今，殊堪可惜。出于与本国利益的息息相关，他对俄国在伊犁及南北疆各地的侵略扩张多所揭露，为老大帝国清朝在西陲统治衰微，失去抵御沙俄的能力而忧心忡忡。他也强调了解新疆必须具备对当地人种、民族以及宗教方面的基本知识，认为开发民智，兴办教育才能促进新疆的文明进步，有助于兴办各项实业。在与新疆地方官员交往时，多次呼吁改良军队，移民开垦，提出铺设铁路使内地与伊犁联通乃当前首要之急务。以上种种，就是今天读来也不无所感。当然书中也有不少夸大日俄战争胜利对新疆的影响，美化日本在新疆民众心中形象的文字。有关历史、宗教、人种的解说，囿于日野强个人的专门知识或者当时研究水准，存在若干明显的错误或遗漏（在第二版时业经时任东京外国语大学教授的冈田英弘校注，附于各相关章节之后）。对某些情况特别是各民族习俗的说明中也有先入为主，偏颇失当的地方，需要请读者留意辨别。

日野强回到日本后两年，《伊犁纪行》由东京的博文馆付梓刊行。时为 1909 年（日本明治 42 年）5 月，系上下两卷的装帧。除了文字部分，书中附加了大量实地拍摄的照片，还有日野强本人绘制的素描和地图、行程图，使得文字更加形象生动。这次探险旅行在日本被视作传奇之举，甚至受到明治天皇的关注，他也因此获得了在御前进讲的机会。

几个月后，日野强晋升为中佐军衔。被看作中国通的他在辛亥革命后还几次受命赴中国活动，最后一连几年住在山东青岛，从事实业方面的经营。1919 年，中国爆发反对日本帝国主义 21 条的五四运动，已是大佐的日野强受在青岛居住的日本人推举，回国陈述与归还青岛居留地有关的问题。这时他的健康似乎已经受到损害，因而对大本教的教义产生了共鸣。回国后他住在京都的丹渡绫部，放弃原来的事业而作为大本教的干部开始了新的生涯。一年后的 1920 年去世，终年 56 岁。

初版后经过 60 余年，《伊犁纪行》的修订再版提上了日程。1973 年新版即第二版由芙蓉书房刊行。考虑到旧版发行较早，过去的文体与现在有很大差异，使用的日本汉字也多经过简化，为便于现在的读者阅读，对文字进行了一定的技术处理，旧版的一些错讹也在此时得到订正。新版《伊犁纪行》将上下卷合为一册，并省略了下卷末尾的附录"新疆琼瑶"。与此同时，为了有助于日本读者对内容的理解，东京外国语大学的冈田英弘先生在修订时增加了一些对术语和固有名词的解释，附在各有关章节的末尾。新版的问世，改变了旧版因岁月已久，陈旧破损寻觅不易的状况。直到今天，《伊犁纪行》仍然是了解 20 世纪初叶的新疆，以及同时代日本人的新疆探险史时不可缺少的基本文献。

四　探险实录具有独特的史料价值

20 世纪初的新疆曾处在一个动荡的时代，众多外国的学者、官员、军人，以及形形色色的探险家抱着不同目的，肩负各自使命走进中国新疆进行考察和探险，他们的身世背景、目的动机互不相同，他们的所作所为或可称道或应谴责，留下的故事也因人而异，但每一个故事都能够折射出那个时代的某种色彩或某个侧面。但应该承认，他们为后人留下的数量可观的考察报告、探险实录，以及新疆历史、民族、宗教、地理等的札记和图像资料，今天都成为值得珍视的历史资料，日野强的《伊犁纪行》也不例外。

在我从事中国疆域史研究中，中国边疆探察史一直是我予以特别关注的领域，我曾试写过《有清一代的新疆考察》（马大正：《中国边疆研究论稿》，黑龙江教育出版社 2002 年版，第 332—354 页）和《20 世纪的新疆考察》（马大正：《中国边疆研究论稿》，黑龙江教育出版社 2002 年版，第 354—375 页），我还主编过"中国边疆探察丛书""边疆文化探踪丛书""走进中国西部的探险家丛书"等，目下正在从事芬兰探险家马达汉新疆考察研究。

从自己的科研实践中，我深深体会到资料的发掘对深化研究的特殊作用。其中外国形形色色探险家们的众多探险实录的收集、翻译是资料收集中一项重中之重的工作。19 世纪以来外国探险家的中国探险实录、考察报告、相关札记和游记，它们的史料价值，我在《关于边疆探察资料收集的断想》一文中写道：

首先，有相当一部分的考察报告是当时的现场实录和实地观察的第一手材料，尤其对那些一经破坏性发掘后即被西方殖民者洗劫一空或历经战乱已荡然无存的中国古代文化遗迹来说，这些记录就越显珍贵，对相关学科的研究有着基础材料的重要价值。

其次，大量的札记、游记类作品中，尽管有的因作者政治观点和立场不同，带有浓厚的殖民色彩，有的因行色匆匆，道听途说，对事物的认识有很大的片面性和局限性，但由于作者是当事人或同时代人，他们的亲身经历、耳闻目睹，对当时当地的社会风貌、民族民俗、宗教、地理以及重大历史事件所进行的描述和记录，仍为人们从一个侧面了解历史提供了具有研究参考价值的史料。

最后，19—20 世纪中期，外国探险家们在中国的考察活动，曾是西方列强进行殖民侵略的一项内容。因此作者在记述中有意无意都涉及对中国主权的损害，有的更直言不讳对中国资源、文物的劫掠和盗窃，这就为帝国主义侵华史中那段令国人深感屈辱痛心的历史留下了真实的记录。

长期以来，这些相关著作或因深藏国内外书库而难以觅见，或因涉及多种文种而不易为人们阅读，难以为研究者所利用，更无法进入广大读者的阅读视野，成了迫切需要利用此类图书的研究者和关心此类题材读者的遗憾。①

---

① 马大正：《中国边疆研究论稿》，黑龙江教育出版社 2002 年版，第 390—391 页。

近些年我参与组织了由新疆人民出版社出版的"西域探险考察大系"，1992 年以来已出刊 15 种。主要有［瑞典］斯文·赫定：《亚洲腹地探险八年》《丝绸之路》《罗布泊探险》《游移的湖》《我的探险生涯》，［瑞典］贡纳尔·雅林：《重返喀什噶尔》，［英］凯瑟琳·马嘎尔特、戴安娜·西普顿：《外交官夫人的回忆》，［德］阿尔伯特·玛·勒柯克：《新疆的地下文化宝藏》，［丹麦］亨宁·哈士伦《蒙古的人和神》，［日］橘瑞超：《橘瑞超西行记》，［美］兰登·华尔纳《在中国漫长的古道上》等。

由我直接组织并已正式出版的还有［俄］伊·温科夫斯基著、［俄］尼·维谢洛夫斯基编、宋嗣喜译《十八世纪俄国炮兵大尉新疆见闻录》①，［芬兰］马达汉著，王家骥译、阿拉腾奥其尔校订《马达汉西域考察日记（穿越亚洲——从里海到北京的旅行）1906—1908》②。

日野强《伊犁纪行》则是又一次新的尝试③，希望对新疆探察史研究的深化有所裨益。

日野强的新疆之旅和他的《伊犁纪行》与已有中译本的同时代许多知名探险传奇相比，似乎显得不那么轰轰烈烈。但它却以它的独特的视角与内容，向人们赐予熟悉而又新鲜的新疆的昨天，所有这一切，都将有助于我们更好地审视过去，面对今天和思考未来！

［本文由马大正、华立共同撰写，首发于《中国社会科学院学术咨询委员会集刊》第一辑（2004 年），社会科学文献出版社 2005 年版］

---

① ［俄］伊·温科夫斯基著，［俄］尼·维谢洛夫斯基编：《十八世纪俄国炮兵大尉新疆见闻录》，宋嗣喜译，黑龙江教育出版社 1999 年版。
② ［芬兰］马达汉：《马达汉西域考察日记（穿越亚洲——从里海到北京的旅行）1906—1908》，王家骥译，阿拉腾奥其尔校订，中国民族摄影艺术出版社 2004 年版。
③ ［日］日野强：《伊犁纪行》已列入由中国边疆史地研究中心主编"边疆史地丛书"选题，译者为华立女士，黑龙江教育出版社 2006 年版。

附录　19 世纪末承德的城市与居民
——评俄国旅行家波兹德涅耶夫的承德见闻

　　承德作为历史文化名城已有悠久的历史，但其发展则发端于清代前期。1703 年（康熙四十二年），开始营建避暑山庄，至 1708 年（康熙四十七年）初步建成。乾隆时期又进行了大规模的改造和扩建。前后经过80 余年，直到 1790 年（乾隆五十五年）才最后完成了主要工程，至今已有 290 年的历史。在清代前期，避暑山庄曾经是清政府的重要政治活动场所，避暑山庄，外八庙和许多现存的文物古迹，或直接或从一个侧面反映了清代前期我国统一多民族国家巩固和发展的历史进程。

　　避暑山庄政治地位的日益重要，必然推动和促进山庄所在地承德的发展和繁荣。承德是清王朝政治活动的又一个中心。在其建立山庄到清王朝灭亡的 200 余年间，曾有不少外国政府的特使和旅行家访问过承德。为人们熟知的英国特使马戛尔尼，曾于 1793 年 9 月 8 日（乾隆五十八年八月初四）至 9 月 21 日（八月十七日）在承德生活了两周，使团成员的见闻实录成为我们了解 200 年前承德的重要史料。[①] 马戛尔尼之后正好 100 年的 1893 年，俄国旅行家波兹德涅耶夫又到了承德，他的记述似还未被人们所重视。本文即是试图通过对波兹德涅耶夫承德见闻的介绍，让人们了解 100 年前承德城市和居民生活的某些侧面，这对于研究承德城市发展史和清代社会史也许有些参考价值。

---

　　① 如［英］斯当东：《英使谒见乾隆纪实》，叶笃义译，商务印书馆 1965 年版（作者系使团副使）；［英］爱尼斯·安德逊：《英使访华录》，费振东译，商务印书馆 1963 年版（作者系使团访华时所乘"狮子"号船的第一大副）。

一　波氏其人及其在中国的旅行

阿·马·波兹德涅耶夫（1851—1920）出生于俄国奥廖尔省一个贵族家庭。1872 年入彼得堡大学东方语言系学习，1876 年毕业后，受帝俄教育部派遣，加入由俄国皇家地理学会组织的蒙古考察队，前往蒙古进行考察，在库伦（今乌兰巴托）待了三年，专习蒙古语言和文字。回国后又进彼得堡大学深造，于 1881 年通过硕士论文答辩，获得了蒙古文学硕士学位。同年，又获得蒙古文学额内副教授职称。1883 年，完成了题为《蒙古编年史〈宝贝念珠〉》（附解释，其中包括 1636—1736 年的喀尔喀史料）的博士论文，被授予蒙古文学博士学位。1886 年晋升为蒙古文学教授，1888 年起担任彼得堡大学东方语言系秘书。

1892 年 6 月至 1893 年 10 月，波兹德涅耶夫得到帝俄外交部资助，组成蒙古考察队来我国蒙古地区考察，考察重点是蒙古人民生活状况、经济状况，尤其是通商道路及人口稠密区状况。考察活动历时 15 个月，行程 2.2 万俄里。旅行路线是：由恰克图入蒙古→库伦→乌里雅苏台→科布多→张家口→北京→呼和浩特→热河→多伦→克什克腾旗→巴林旗→乌珠穆沁旗→渡克鲁伦河到库伦，1893 年 10 月返回俄国。考察中波氏对沿途各城市、庙宇及喇嘛状况调查得十分详细，对所见到的重要碑文石刻也均有记载，沿途所见所闻记述生动翔实。还带回汉、蒙古、满文的手抄本和刊印本文献资料 138 部，共 727 册。

波氏回国后，把这次考察的日记和资料整理成册，共有七卷，后因出版困难，只出版了两卷日记，名为《蒙古及蒙古人》。该书第一卷 1896 年出版，记述他 1892 年 6—12 月在外蒙古旅行考察活动。他先由恰克图进入蒙古，对库伦、乌里雅苏台和科布多以及它们之间道路进行了详细考察，对哲布尊丹巴的身世作了专章论述。最后记述由库伦经张家口到北京的历程，并对张家口作了专章详述。第二卷 1898 年出版，记述 1893 年 3—10 月在内蒙古的旅行考察活动。1893 年初，波氏在北京调查了京师同文馆和俄国东正教堂，写成该书的前言部分。接着由北京出发，经张家口到归化城（呼和浩特），之后到多伦、上都故城、承德、应昌故城、克什克腾旗、巴林旗、乌珠穆沁旗考察，然后渡克鲁伦河到库伦，返回俄国。

波氏是 1893 年 4 月 20 日下午 5 时 15 分抵承德，在承德前后逗留 5 天，于 4 月 26 日离开承德。波氏考察了承德的市区和主要庙宇，以及承德著名景点棒槌山，并结合文献记载，作了翔实描述。由于波氏是作为一名普通旅行者到承德，未能进入避暑山庄内参观。据波氏自述："过去这座离宫是绝对不许参观的，从十来年以前起，却可以参观了，但要预先从北京内务府得到参观券，把它交给本地的道台，再由道台派出官员引导参观离宫。遗憾的是，我在北京时不知道这一情况，没有请求我国大使给我弄到一张这样的参观券。"① 致使波氏的承德见闻中没有山庄的描述。

二　波氏的承德见闻

波氏是一位有很深造诣的蒙古学家，是一位社会学家和民族学家，对中国历史十分熟谙，又精通蒙古、满语言和文字，他在承德虽只停留 5 天，但观察颇细，记述尤详，在他的《蒙古及蒙古人》第 2 卷中第 5 章承德府（热河）中详述了自己的所见所闻，依其内容大体可分以下几个方面。

第一，对承德街市的记述。

波氏对承德的第一印象是城市规模颇大，他写道："当你走过城里的'天光地日'牌楼时，你立刻就会对城市建筑的分散和占地之大而感到惊奇，……你会感到，在这离宫御苑之都中，所有的人不是过着城市生活，而是在过着别墅的生活。"② 但作者很快承认"这第一印象只是个假像，因为这一带恐怕还不是城市"。因为承德实际分成官衙区、宫苑区和商业区。波氏详细描述了他所见到的商业区。官衙区与商业区是以"九宫为旭"牌楼为界，牌楼以内的商业区才是承德府城。整个承德府的商业区由城西伸向城东的三条大街组成，第一条是横穿城市中心的主要街道，叫西大街，第二条在它左边，叫粮市街，第三条在它右边叫旱河头街。西大街又分为两段，第一段从城市西端的府衙门和牌楼开始，到横跨流水沟子的

---

① ［俄］波兹德涅耶夫：《蒙古及蒙古人》第 2 卷，张梦玲等译，内蒙古人民出版社 1983 年版，第 258 页。

② ［俄］波兹德涅耶夫：《蒙古及蒙古人》第 2 卷，第 248 页，以下引文凡未注出处者，约引自该书第 2 卷第 5 章承德府。

虹桥为止。"这条街道是城市商业区的精华,它一共有一百二十四家最富有和最漂亮的铺子""这里大多数铺子都是出售装饰用品和纺织品的。"从虹桥开始,西大街分成了两路。"其中第一条街略微向左并稍稍朝北偏斜,可称是西大街的延续",称为牌楼街。"街上总共有三十九家铺子,其中足有一半是卖肉的;此外,这里还有许多旅馆、小饭馆、茶馆和大烟馆";"这条街东至皇帝山庄的围墙,几乎直抵这座离宫的正门——丽正门",也即是宫苑区的范围了。与牌楼街相反,略向南偏去的那条街叫半平街。"半平街正是那种只有在中国才能见到的贫穷与巨富相邻为伍的地方。""这里既有摇摇欲坠的房屋,里边住着卖烧饼的人",同时也有城里最大的店铺。"这些店铺中资金最充足的是经营日用百货的'永聚隆'商号;而最大的店铺则是'金成永'商品。"

承德另一道大街粮市街与西大街平行,也是从城西头开始,并穿过城市北部达流水沟子为止。这条街是承德粮食商业集中的地方,几乎整个一条街全是面粉店,有三十家左右。这条街的公共建筑物有庙宇三座,为红庙、北马神庙、老爷府(又叶格萨尔庙)。

第三条大街旱河头街也是商业建筑,"但已不是店铺,而是一些木材、砖石和其他物品的仓库"。街道东段叫二仙居,"可以说完全是承德府的旧货市场"。

波氏对承德的城市街道总的印象是:"这些街道的共同特点是没有一条街能称得上是直的和十分整齐的。不知是由于对街道的美观抱无所谓的态度,还是由于中国人对自由有独特的理解。每个房主在造房子时,除了自己方便,什么也不考虑。这样造成的结果是,一座房子在路边退缩得很后,另一座却突突出到马路中间。""街道本身也就忽宽忽窄;有时是直的,有时却一会儿向右、一会儿向左地鼓出大肚子。"商业区"除了上述三条主要街道外,城里还有二三十条大大小小的巷子,它们也同主要街道一样,都紧紧地造满了房子。这些巷子都很脏,而且很窄,有不少巷子连大车也无法通行"。

第二,对商业贸易的记述。

在承德经商依商人籍贯而分别经营不同类别的商品。津京商人经营装饰品、工艺品行业,在他们的店铺中"能看到的中国货有各种花瓶、瓷碗和小碗、吸鸦片的用具、烟斗、烟袋、烟盒、筷子、串珠、手镯和其他坠挂的小物件、腰带、巾帕、丝线和棉线、顶针、玻璃画，用以标志官吏品级的帽顶子"，等等。欧洲货最多的是玩具，其次是各种怀表挂钟和座钟、白铜羹匙和蝶子、各种吸墨器和小盒子、照片、烟卷等。山西商人主要经营纺织品，以"金成永"商号最大，它是承德唯一出售成匹丝绸的店铺。他们除售销从山西带来的大布、褡裢布和其他棉织品外，还售销本地纺织产品，"它们主要是用八沟附近的喀喇沁各旗的蒙古人所供应的丝和蚕茧在八沟纺织的"。据波氏调查，当地生产的纺织品主要有"褡裢绢""茧绸"和"绢缎"。另一家山西人开设的"魁义永"商号，除有时也卖些纺织品，主要做棉布生意。这两种商品主要通过两条道运来："其一是用骆驼将土布经过牛栏山驮到这里，完全不用大车；其二是用船把这些商品沿着滦河运到承德府南五十里的下板城，然后也是用驮运的办法将它们从这里输送到目的地。"

在西大街"还有几家鞋铺、将近三十家药房和药铺、食品店、银楼、陶器店、出售和制做酒篓和油篓的铺子和作坊，此外还有一家毛毡铺子"。此外牌楼街还有七八十家估衣铺。"这些铺子几乎全都是从北京进货，它们的存货中有大批绸衫和许多绣着金色的龙、虎等图案、一度是很贵重的缎子补服和其他衣物。这些都是内廷大臣和其他京官的旧衣服，现在准备转卖给热河行宫中他们的同僚。这些同僚不如他们富有家财，然而在迂腐和摆阔气方面却不次于他们。"

第三，关于城市居民的记述。

当时承德的基本居民大体有以下几类：

一类是，"承德府首先可说是一个官僚城市。作为行政管辖区的中心，这里集中着一大批人员冗多尤其是低级胥吏众多的政府机关。这里的都统手下有二千二百名满人旗兵和八百名绿营汉人。守卫离宫的是一个由各种头衔的人员组成的专门机构。其中一部分人是从当地居民中征集的，另一部分则是由北京内务府派来的。这后一部分的或者是一些已不适合在北京服现役的老兵；或者是曾在北京皇宫里服务过的人员；或者就是一些有亲戚在政府和宫廷当大官，而自己一无所能的半白痴。所有这些人干脆就是被派到这里来'吃白饭'的，而他们的人数总共有五百人以上"。所有这些士兵在城里都享有特权，他们免交任何捐税；不仅领取饷银，还可以从赏给他们的热河四郊的土地上收取地租。

二类是，承德有著名的外八庙，以及一些不出名的小庙宇，这些庙宇总共有"靠政策养活的二千名喇嘛和将近三百名和尚"。

三类是，除了当地的喀喇沁蒙古人外，主要是从内地迁移定居的汉人。迁到这里来的人确实都是中国内地的穷人。他们既不能投亲靠友，就连自己家中也不能安身，有的干脆就是孤独一身的游民。"承德府城里的居民也同样是一些赤贫的汉人。"

四类是，到承德经商的北京、天津、山西等地商人，北京、天津商人经营"中国和欧洲制造的小商品都是自运自销的"。山西商人大都是从汾州府来的。

第四，关于避暑山庄和周围庙宇的记述。

由于波氏没能进入山庄参观，所以他只是描述了丽正门的庄严和宫墙的宏伟。波氏写道：自从咸丰帝"不幸死在承德之后，中国皇帝们怕遭到同样的命运，就不再到承德府来避暑了。尽管空无一人的宫殿仍有专门的宫廷侍卫守护，但已不再进行修缮，所以变得破旧了；收藏在这些宫殿中的财物和珠宝也不断地被看守者窃走。据当地中国人说，城里简直是所有的一切都一年一年地损坏得越来越厉害"。

分布在山庄周围的庙宇仍不失其昔日的光彩，"皇帝别墅中最美丽的地方毫无疑问是建造在宫苑北面和东面的那些喇嘛庙了。它们错落地散布在浓荫覆盖的山上，各种颜色的琉璃瓦屋闪烁着美丽的光彩；造型奇特的寺刹、亭台、宝塔、牌楼等建筑物隐现在丛林之中"。接着波氏分别介绍了十二座庙宇，它们是：罗汉堂、戒台、殊像寺、崇善寺（即普陀宗乘之庙）、须弥福寿之庙、普宁寺、普佑寺、广缘寺、安远庙、普尔寺、溥善寺、溥仁寺。

波氏还详细记述了1893年4月23日考察著名景点棒槌山的情景。他对比了马戛尔尼关于棒槌山记述后，写道："我的观察距马戛尔尼勋爵的考察已整整一百年了。山的基本形状和情况好像仍同当年英国使者们所观察的完全一样，但是山岩和峰顶看来却略微有点降低。过去在峰顶上端长着的灌木丛消失了，由于大量雨水的冲刷和风化，整个山体似乎大为裸露。"

第五，也是最值得人们重视的是波氏对承德城市发展与衰落原因的分析。

承德无论从城市的自然条件和基本居民成分均不具备发展成为通都大邑的可能。波氏指出："承德府四周环绕着连绵的崇山峻岭，好像是一道一百四五十俄里厚的围墙，这当然就使它很少有进出方便的商路。因此它也就不可能期望在通商方面有所作为。"而"从承德府的水源和供水情况来说，这个城市所处的位置是极其不利的……承德府城内却根本没有活水，居民饮用的水都是从井里打的"。"承德府城里的居民也同样是一些赤贫的汉人，这样的贫民当然不可能促进这个城市的繁荣和发展的。"

那么承德在清代前期得以发展和繁荣的真正动力，是清朝皇帝将它作为首都以外的又一个政治活动中心，波氏认为："承德府的地位只是从康熙朝起才有所提高，并且这还不是因为它得到了厅一级的行政地位，而是因为它被定为供皇帝夏季休息、打猎和游乐的离宫。""承德府的黄金时代是在乾隆年间（1736—1795）。乾隆最终使承德府成为一座中国城市，并且提高了它的行政地位，使它成为这一行政区的首府；但尽管如此，从那以后这个城市还是日渐衰落了。"因此可以肯定地说，"只是在有历代皇帝前来巡幸的时候，承德府才是兴旺和发展的；皇帝一走，它就成了一个几乎是不值一提的地方，就是提高它的行政地位也只能赋予它以微弱的生气"。这种城市发展模式在封建时期的中国是具有典型意义的。以政治权力为主体造成城镇发展与衰落的状况，反映了封建社会自给自足的自然经济的特征；也反映了封建统治者高度集权，他们的权力到哪里，就把交通、文化、经济活动带到哪里，一旦权力转移，其他一切也随之转移。

三　由波氏承德见闻引发的思考

俄国旅行家波兹德涅耶夫所写的有关承德的见闻是百年前承德城市的生动写照，为我们研究承德城市的社会和文化提供了有用的资料。波氏对承德城市兴衰原因的分析，对我们研究清代的城市发展也有所借鉴。

由此想到，我们在深入清代史研究时，以下两个方面值得引起更多的研究者重视。

　　首先，清代社会史和城市史研究是一个大有可为，且有待开拓的领域。以研究承德为例，我们研究视点应从传统的避暑山庄与外八庙在清政府推行其治边政策、民族政策中的特殊地位和历代清帝在承德活动的研究中扩展，将有清一代承德的发展作为一个整体来考察，研究城市发展的动因、城市中阶级关系、民族关系、经济活动、社区生活等，前后相贯，寻求其发展演变的轨迹。具体的、个别的研究有了新的突破，将使极其丰富多彩的清代史更富有立体感、色彩感，从而推动清史研究向更深、更广的层面发展。

　　其次，外人的访华见闻录是不容忽视的重要史料，有清一代外人访华见闻录汗牛充栋，其共同特点是时间准确、描述性强，如将这些见闻录与有关汉文史籍记述互相映照，无疑于研究有益。仍以承德为例，1793 年马戛尔尼使团的见闻写在承德鼎盛期，重点是描述山庄盛典的辉煌，而 1893 年波兹德涅耶夫则是以一个普通旅行者的眼光描述了已步入衰落的承德的城市与社会的方方面面，对我们认识百年前的承德是一份有独特价值的史料。对外人见闻录的翻译和整理上，中国的学术界和出版界历来十分重视，做了大量艰苦的工作。中国人民大学清史研究所杜文凯所编《清代西人见闻录》① 即是一本十分有用的清代外人见闻录的汇集。如果我们下功夫将有关外人的承德见闻录进行搜集、翻译、整理，并汇编成册，无疑是发展"避暑山庄学"的一项基本建设。戴逸教授十年前在纪念避暑山庄建庄 280 年时即已提出：应该出版有关避暑山庄的专集资料，"有关建筑、宗教、民族史、木兰围场、艺术，乃至外国的一些资料都可以收集进去。这里应该成为避暑山庄的研究中心，首先是资料研究中心。避暑山庄要集中国内外所有的有关山庄的历史资料，成为最丰富，最完整的一个资料库。"② 一切关心避暑山庄研究发展的人们都有责任，为避暑山庄学的兴旺尽己微力。

（本文首发《山庄研究》，紫禁城出版社 1994 年版）

----

　　① 杜文凯编：《清代西人见闻录》，中国人民大学出版社 1985 年版。
　　② 戴逸：《应该建立"避暑山庄学"》，载避暑山庄研究会编《避暑山庄论丛》，紫禁城出版社 1986 年版，第 9 页。